# COMM.

## IL FAUT FAIRE

### DE

# DOCTORAT EN DROIT

PAR

## HENRI CAPITANT

*Professeur à la Faculté de Droit de l'Université de Paris.*

PARIS

LIBRAIRIE DALLOZ

11, RUE SOUFFLOT

—

1926

# AVANT-PROPOS

La thèse consistait autrefois en un ensemble de
propositions que le candidat devait soutenir devant
la Faculté pour être reçu docteur. Aujourd'hui, le
mot a changé de signification. Il désigne un ouvrage
écrit, que le candidat doit faire imprimer, dans lequel
il étudie d'une manière approfondie une question
empruntée à l'une des diverses matières enseignées
dans les facultés de droit. La thèse moderne exige
une longue préparation, des recherches et des lectures
étendues, et son élaboration demande un très sérieux
effort de construction, auquel tous les étudiants ne
sont pas suffisamment préparés. Au cours de leurs
années de licence et de doctorat, beaucoup perdent
l'habitude d'écrire, de composer et de rédiger. Se
contentant de préparer leurs examens dans des manuels, ils n'apprennent pas à consulter les sources,
les statistiques, ils ne lisent pas les grands ouvrages
fondamentaux, et c'est pourquoi ils se trouvent fort
embarrassés le jour où il faut entreprendre un travail
personnel de longue haleine comme la thèse.

Sans doute, depuis l'introduction des épreuves
écrites dans les examens de licence, nos étudiants
travaillent davantage; ils assistent plus nombreux
aux cours, aux conférences facultatives, fréquentent

plus assidûment la bibliothèque et les salles de travail, apprennent à se servir des sources, des recueils de jurisprudence, lisent les grands traités, les revues. Mais ceux qui font cet effort ne sont encore qu'une minorité. Aussi ne faut-il pas s'étonner que le niveau moyen des thèses reste moins élevé qu'on ne le souhaiterait. Il est même surprenant, étant donné le défaut de préparation technique de la plupart des candidats, de rencontrer, en dehors des thèses de l'élite de nos docteurs qui, elles, ont une grande valeur et contribuent pour une large part au progrès de la doctrine juridique et économique, autant de travaux honorables obtenant les mentions très bien ou bien. C'est là une preuve des qualités intellectuelles de notre race.

Si donc la plupart de nos docteurs ne pèchent que par un défaut d'éducation technique, il est possible, semble-t-il, en attendant que l'organisation matérielle de nos facultés permette de combler cette lacune pour le plus grand nombre, d'y suppléer dans une certaine mesure par des conseils : ce sont là les raisons qui m'ont déterminé à rédiger cet opuscule. Il m'a paru qu'il était possible d'apprendre aux candidats au doctorat comment on doit choisir le sujet de sa thèse, diriger ses recherches, quelles sources il faut consulter, comment on fait le plan de son ouvrage, comment on le compose, comment on dresse les tables, la bibliographie, comment enfin on corrige les épreuves. Je me suis efforcé de réunir ici toutes les indications qui pourront leur être utiles, et surtout j'ai voulu leur apprendre à travailler avec méthode. Avoir de la méthode, tout est là. Faute de ce fil directeur, on perd un temps précieux, on disperse ses efforts, on n'arrive pas à dominer son sujet.

*J'ajoute que je me suis plus spécialement placé, en écrivant ces pages, sur le terrain du droit privé. On ne parle bien que de ce que l'on connaît bien et les barrières traditionnelles qui séparent le droit privé du droit public et plus encore l'un et l'autre de l'économie politique sont trop hautes, trop résistantes encore pour qu'on puisse se flatter de dominer l'ensemble des sciences juridiques, politiques et économiques. Néanmoins, la méthode de travail varie peu, et c'est pourquoi je pense que ces conseils pourront être utiles à tous les étudiants en doctorat (1) (2).*

(1) Je tiens à remercier ici de leur collaboration mes jeunes amis : MM. Armilhon, Audinet, Jean Bréthe, Demontès, Drouets, Lemonnier, docteurs en droit, qui tous ont fait d'excellentes thèses et ont bien voulu me communiquer leurs réflexions que j'ai largement utilisées sur les points suivants : M. Drouets, le *Choix du Sujet* ; M. Jean Bréthe, le *Plan* ; M. Armilhon, les *Recherches de Jurisprudence* ; M. Lemonnier, le *Droit Comparé* ; M. Demontès ; la *Bibliographie* ; M. Audinet, l'*Impression de la Thèse*.

(2) Nous donnons ci-dessous quelques indications tirées des statistiques annuelles du Ministère de l'Instruction Publique et des registres de la Faculté de Droit de Paris, sur le nombre de thèses passées chaque année tant devant la Faculté de Paris, que devant l'ensemble des Facultés de Province.

Nous n'avons malheureusement pu trouver pour les thèses de Province les différentes mentions obtenues et nous nous excusons de ne donner ce renseignement que pour les thèses de Paris.

# STATISTIQUES ANNUELLES

du Ministère de l'Instruction Publique et du Registre de la Faculté de Droit de Paris
sur le nombre de Thèses passées chaque année.

## PARIS

### Année 1910

353 THÈSES { 163 en sciences juridiques.
190 — politiques et économiques.

*Mentions :*

93 Thèses ont obtenu les éloges, 32 ont été retenues.
101 — — Très Bien.
82 — — Bien.
75 — ont été admises.

### Année 1911

333 THÈSES { 161 en sciences juridiques.
172 — politiques et économiques.

*Mentions :*

68 Thèses ont obtenu les éloges, 24 ont été retenues.
98 — — Très Bien.
93 — — Bien.
72 — ont été admises.

## PROVINCE

### Année 1909-1910

271 Thèses.

### Année 1910-1911

257 Thèses.

## STATISTIQUES ANNUELLES (suite)

| PARIS | PROVINCE |
|---|---|
| *Année 1912* | *Année 1911-1912* |
| | 277 Thèses. |

321 THÈSES { 142 en sciences juridiques.
179 — politiques et économiques.

*Mentions :*

67 Thèses ont obtenu les éloges, 33 ont été retenues.
90 — — Très Bien.
92 — — Bien.
71 — ont été admises.

*Année 1913*

*Année 1912-1913*
226 Thèses.

259 THÈSES { 111 en sciences juridiques.
148 — politiques et économiques.

*Mentions :*

38 Thèses ont obtenu les éloges, 21 ont été retenues.
59 — — Très Bien.
68 — — Bien.
41 — — Assez Bien.
53 — ont été admises.

*Année 1914*

*Année 1913-1914*
(1)

154 THÈSES { 76 en sciences juridiques.
78 — politiques et économiques.

*Mentions :*

37 Thèses ont obtenu Très Bien, 15 ont été retenues.
44 — — Bien.
36 — — Assez Bien.
37 — — Passable.

(1) Les statistiques n'indiquent pas le chiffre global pour cette année.

# STATISTIQUES ANNUELLES (*suite*)

|  | PARIS | PROVINCE |
|---|---|---|
|  | *Année 1919* | *Année 1919* |
| 99 THÈSES { | 36 en sciences juridiques. | 77 Thèses. |
|  | 63 — politiques et économiques. |  |

*Mentions :*

26 Thèses ont obtenu Très Bien, 11 ont été retenues.
26 — — Bien.
25 — — Assez Bien.
22 — — Passable.

|  | PARIS | PROVINCE |
|---|---|---|
|  | *Année 1920* | *Année 1920* |
| 148 THÈSES { | 53 en sciences juridiques. | 128 Thèses. |
|  | 95 — politiques et économiques. |  |

*Mentions :*

45 Thèses ont obtenu Très Bien, 19 ont été retenues.
32 — — Bien.
40 — — Assez Bien.
31 — — Passable.

|  | PARIS | PROVINCE |
|---|---|---|
|  | *Année 1921* | *Année 1921* |
| 156 THÈSES { | 44 en sciences juridiques. | 127 Thèses. |
|  | 112 — politiques et économiques. |  |

*Mentions :*

55 Thèses ont obtenu Très Bien, 17 ont été retenues.
34 — — Bien.
30 — — Assez Bien.
37 — — Passable.

## STATISTIQUES ANNUELLES (*suite*)

| PARIS | PROVINCE |
|---|---|
| *Année 1922* | *Année 1922* |
| 186 THÈSES { 60 en sciences juridiques. | 128 Thèses. |
| 126 — politiques et économiques. | |

*Mentions :*

56 Thèses ont obtenu Très Bien, 30 ont été retenues.
51 — — Bien.
42 — — Assez Bien.
37 — — Passable.

| PARIS | PROVINCE |
|---|---|
| *Année 1923* | *Année 1923* |
| 204 THÈSES { 71 en sciences juridiques. | 146 Thèses. |
| 133 — politiques et économiques. | |

*Mentions :*

82 Thèses ont obtenu Très Bien, 24 ont été retenues.
47 — — Bien.
36 — — Assez Bien.
38 — — Passable.

# QUELQUES MOTS D'HISTORIQUE

## SUR LA

# THÈSE DE DOCTORAT

La conception actuelle de la thèse de doctorat ne date que de la fin du XIXe siècle. Jusque-là, conformément au sens étymologique du mot, la thèse consistait en quelques propositions écrites portant sur une question de droit déterminée, que le candidat devait soutenir en public et défendre contre les objections que lui opposaient les examinateurs. La thèse était donc essentiellement un exercice oral, une argumentation et non, comme aujourd'hui, un travail écrit. Ajoutons que cette argumentation se faisait en latin.

Le baccalauréat en droit, la licence et le doctorat comportaient chacun, depuis une époque fort ancienne, à côté des examens, une soutenance de thèse. Les thèses pour l'obtention du grade de docteur étaient naturellement les plus importantes. Les propositions choisies pour ces dernières étaient imprimées sur une grande feuille de papier et l'usage s'était établi d'orner cette feuille d'une gravure, que les candidats les plus riches faisaient exécuter par de véritables artistes (1).

(1) Voir Périès, *la Faculté de Droit dans l'ancienne Université de Paris* (1160-1793), p. 268, note 3 : « Les thèses de l'Univer-

La soutenance conserva son caractère d'épreuve essentiellement orale jusqu'au XIXᵉ siècle, même après la réforme des Facultés de Droit qui eut lieu sous le Premier Empire. Ainsi, le décret du 4ᵉ jour complémentaire de l'an XII, rendu en exécution de la loi du 22 ventôse an XII relative aux Ecoles de Droit, décide

sité de Paris, dit l'auteur, n'étaient que de courtes « *positiones* » affirmant la doctrine à défendre, et n'avaient rien de semblable à nos thèses actuelles. La dépense provenait simplement de l'ornementation et non du travail matériel de la composition typographique ». *V. eod. loc.* les indications données par l'auteur sur l'ornementation de ces thèses, et p. 270 et suivantes, la description de quelques-unes des thèses de cette époque qui ont été conservées.

V. aussi Paul Collinet : *L'ancienne Faculté de Droit de Douai* (1562-1793), Travaux et mémoires de l'Université de Lille, t. IX, p. 144 et suivantes. La déclaration de 1749 portant règlement sur la discipline à observer dans l'Université de Douai disait dans son article 224 : « Nul ne pourra aspirer au grade de docteur qu'un an après l'Acte de Licence, auquel effet l'aspirant subira un examen de deux heures sur l'un et l'autre droit ; il soutiendra trois thèses de 4 conclusions et de deux heures chacune dans la même semaine, sur les matières les plus difficiles qui seront marquées et assignées par les professeurs, sçavoir une thèse sur le droit économique et les deux autres sur le droit civil. »

Félix Berriat Saint-Prix, dans son *Manuel de logique juridique à l'usage des étudiants*, dont la première édition a paru en 1855 à Paris, donne encore la même définition de la thèse (p. 197) : « On nomme thèse, dit-il, dans le langage de l'école, une discussion sur des propositions controversables, attaquées par une personne, défendues par une autre ; celui qui attaque s'appelle *argumentant*, son adversaire *soutenant*. Dans les thèses que l'on soutient pour obtenir le grade de licencié ou de docteur en droit, c'est un professeur qui argumente. Le mot « thèse » désigne à proprement parler, comme le prouve l'étymologie, la *proposition* qui est attaquée et défendue dans la discussion. En ce sens, il est rare qu'il n'y ait pas plusieurs thèses discutées dans une même épreuve. On donne par extension le nom de « *thèse* » à la *dissertation* que le candidat fait imprimer avant de soutenir la discussion publique. Il s'engage, en effet, à défendre chacune des propositions renfermées dans cette dissertation : c'est une thèse *collective*, ou, si l'on veut, une collection de thèses. »

(art. 248) que le doctorat en droit comprend deux examens et une thèse : « Après les examens, dit-il, l'aspirant, s'il a été trouvé capable, soutiendra l'acte public qui embrassera toutes les matières de l'enseignement du droit, de la législation et de la procédure (1). »

Le même décret avait prescrit l'emploi du latin pour la partie des examens de bachelier, licencié ou docteur qui se rapportait au droit romain, et pour les épreuves des concours en vue du professorat. Ces prescriptions, qui n'étaient du reste plus observées dans les examens, furent abolies par l'ordonnance du 25 juin 1840 pour les concours en vue du professorat (2). Néanmoins, on continua à rédiger la thèse de licence en latin jusqu'en 1880, époque où elle fut supprimée. Pour les thèses de doctorat l'usage du latin fut abandonné en 1850.

(1) La Bibliothèque de la Faculté de Droit de Paris possède un exemplaire d'un « *Nouveau Guide des Etudiants en Droit* », publié en 1827, qui nous donne des renseignements sur la thèse de licence et celle de doctorat (p. 56 et suivantes, 67 et 68). Le candidat tirait au sort un titre ou une portion de titre du Code civil, et un titre du *Corpus juris civilis* ; il devait en faire une étude approfondie, et en défendre les positions ou propositions sujettes à controverse. « Sur les matières indiquées, dit le guide, l'élève doit rédiger des *positions*, c'est-à-dire des propositions sujettes à controverse et qu'il s'engage à défendre ; ces positions se divisent en positions de Droit romain et positions de Droit français ; les premières doivent être écrites en latin. Les unes et les autres sont ordinairement précédées d'une exposition des principes de la matière à laquelle elles appartiennent. » On voit apparaître ici le commencement de la dissertation écrite.

(2) La *Revue Wolowski*, t. XII, p. 147 dit, à propos de cette suppression du latin : « Tous ceux qui ont assisté aux luttes des concours dans les facultés de Droit ont dû se sentir humiliés d'entendre un langage digne de figurer à côté de la réception du *Malade Imaginaire*. C'était un amas monstrueux de barbarismes, de locutions françaises latinisées tant bien que mal, une lutte où les combattants se frappaient en aveugles, car ils

C'est vers 1840 que la dissertation écrite a pris une certaine importance (1).

Un arrêté du Ministre de l'Instruction Publique du 5 décembre 1850 décida qu'à l'avenir l'acte public exigé pour l'admission au grade de docteur en droit porterait sur une dissertation spéciale, dont le candidat choisirait librement le sujet, mais qu'il devrait préalablement présenter à l'approbation du doyen (2). L'usage des propositions ne fut pas abandonné pour cela. Le candidat, dit en effet le même décret, devra joindre à cette dissertation au moins quatre propositions sur l'histoire et les difficultés du droit romain, trois propositions sur l'histoire et les difficultés du droit civil, deux sur le droit criminel et deux sur le droit des gens et les autres branches du droit public. L'épreuve orale pouvait porter sur ces propositions en même temps que sur la dissertation.

ne se comprenaient pas, et les juges, tout aussi embarrassés de choisir le sens des arguments qui se croisaient, étaient réduits à décider au hasard. De vives réclamations avaient été dirigées depuis longtemps dans notre revue par le Professeur Bravard et par nous-mêmes contre un usage suranné qui n'est plus en harmonie avec le cours actuel des choses et ne pouvait aboutir qu'à travestir une discussion sérieuse en véritable mascarade scientifique. »

(1) La collection de thèses imprimées de la Faculté de Droit de Paris commence à cette date. Les thèses de cette époque ne contiennent guère plus de 20 pages pour le Droit romain et 30 à 40 pour le Droit français. Mais dès 1855 le nombre des pages augmente sensiblement. Ainsi la thèse de de Salvandy, qui est de 1855, et a pour sujet : « *Essai sur l'histoire et la législation particulière des gains de survie entre époux* », comprend 368 pages imprimées.

(2) Le *guide pour les thèses* compris dans le *Manuel de logique juridique* de Berryat Saint-Prix, p. 197 et suiv., prouve que, même en 1855, la soutenance jouait un rôle plus important que la dissertation écrite. Ce guide a presque pour unique objet des conseils sur l'argumentation : « Thèse rédigée, dit-il,

Le décret du 20 juillet 1882 imposa à son tour au candidat au doctorat l'obligation de rédiger deux dissertations, dont l'une prise nécessairement dans le droit romain et l'autre dans tout autre ordre d'études enseignées dans la Faculté (1).

Depuis le décret du 30 avril 1895, qui divisa le doctorat en droit en deux sections comprenant l'une les sciences juridiques, l'autre les sciences politiques et économiques, la thèse ne comprend plus qu'une seule dissertation qui devait, d'après ce décret, être choisie par le candidat, suivant la mention qu'il postulait, soit dans les sciences juridiques, soit dans les sciences politiques et économiques. Ce décret a supprimé en

« n'est pas même à moitié préparée. C'est à peine s'il est prudent « de consacrer à la rédaction *le quart* du temps dont on dispose. Le surplus est nécessaire pour étudier les controverses, « prévoir les objections, chercher les réponses et s'exercer à les « développer de vive voix. » « Quelle étendue, continue-t-il, « convient-il d'assigner à la dissertation ? Aucune limite précise « n'est fixée par les règlements. Quelques pages suffiraient à la « rigueur pour énoncer succintement les principes fondamentaux « d'une matière spéciale. La brièveté sera d'autant moins répréhensible, en pareil cas, qu'on aura indiqué un plus grand « nombre de propositions écrites. Au commencement de ce « siècle, on se bornait, dans la Faculté de Paris, à présenter un « *placard* de format in-folio, au milieu duquel s'apercevaient « une vingtaine de propositions de droit français placées en « regard d'un nombre égal de règles de droit romain. A l'entour « régnaient d'amples ornements typographiques. Plus tard, l'usage « fit prévaloir le format in-octavo, plus convenable. Aujourd'hui, « les thèses atteignent souvent le chiffre de *100* pages. C'est un « progrès..... *si* les auteurs de ces longs écrits savent les *défendre* « dans l'argumentation publique ».

(1) D'après ce décret, qui demeura en vigueur jusqu'en 1895, le candidat devait joindre à ses dissertations des propositions prises dans les sujets traités et en outre douze propositions prises en dehors de ces sujets, dont quatre sur le Droit romain, quatre sur le Droit civil français et quatre sur les autres parties du Droit à son choix.

outre l'obligation pour l'impétrant de présenter des propositions écrites sur lesquelles il pouvait être interrogé par les membres du jury. L'habitude d'argumenter sur ces propositions était, en effet, tombée peu à peu en désuétude.

Enfin, le décret récent du 2 mai 1925 relatif au régime des études et des examens en vue du doctorat en droit, qui a abrogé le précédent, décide, dans son article 21, que le sujet de la thèse doit se rapporter aux matières prévues pour l'examen de l'un des diplômes d'études supérieures obtenus par le candidat.

CHAPITRE PREMIER

# LE CHOIX DU SUJET

**I. Par qui ce choix doit-il être fait.** — On ne saurait trop recommander aux candidats de réfléchir longuement avant d'arrêter le choix du sujet de leur thèse. Pour mener à bien son travail, il faut, en effet que l'auteur soit fortement intéressé par les questions qu'il va approfondir et que, d'autre part, cette étude ne dépasse pas la mesure de sa capacité. Si le sujet choisi répond à ces deux conditions, il y aura beaucoup de chance pour que le résultat soit bon. Mais si l'intérêt n'est pas mis en éveil, si les difficultés rencontrées découragent l'effort, le travail traînera et l'étudiant en arrivera à compter le nombre de pages qu'il écrit pour s'arrêter quand il croira avoir fait le minimum indispensable.

Le choix du sujet constitue donc un acte particulièrement délicat et difficile. A la vérité, il devrait toujours émaner du candidat lui-même, car personne mieux que lui n'est en mesure de connaître ses aptitudes et ses goûts. Aussi les règlements lui permettent-ils de faire ce choix librement. Il suffit que le sujet rentre dans l'une des matières comprises dans le programme des deux examens qu'il a à subir et soit approuvé par le doyen (1).

(1) Art. 21 du décret du 2 mai 1925.

Dans ces conditions, on peut s'étonner que les étudiants n'usent pas tous de cette liberté. Et pourtant, la plupart n'en profitent pas pour cette raison très simple qu'ils ne se donnent pas la peine de chercher à l'avance les questions qu'ils pourraient traiter. Ils se contentent de choisir une des branches du droit ou de l'économie politique et demandent à l'un des maîtres qui l'enseignent de leur indiquer quelques sujets et d'accepter de présider la soutenance de la thèse. L'embarras du président est parfois assez grand. Il connaît peu ou pas du tout le candidat qui s'adresse à lui et ignore quelle est la valeur de ses études antérieures. Il ne peut se renseigner que par un bref interrogatoire. Il indique donc quelques questions plus ou moins difficiles, et c'est entre elles que l'étudiant exerce son choix, souvent sans grand discernement.

Fort heureusement, les choses ne vont pas toujours ainsi, mais trop rares sont les étudiants qui ont à l'avance sérieusement réfléchi aux sujets qu'ils pourraient traiter et font un choix raisonné après avoir écouté les observations de leur président.

Comment donc remédier à ces errements ? Il est bien évident qu'on ne peut poser ici de règles absolues, mais seulement donner quelques conseils utiles sur le moment où l'étudiant doit se préoccuper du sujet de sa thèse et sur les raisons qui doivent déterminer sa décision.

II. **A quel moment faut-il choisir le sujet de la thèse.** — Il ne faut pas attendre le dernier moment. Il y a tout avantage à faire ce choix au cours de la préparation des examens de doctorat.

En effet, si le sujet que l'on a tout d'abord adopté paraît au bout de quelques semaines de recherches, trop difficile ou peu attrayant, il est possible d'en prendre un autre sans que de grands inconvénients résultent de ce changement, tandis que si l'on attend d'avoir passé ses deux examens pour faire son choix, on est pressé par le temps et obligé de persévérer dans le travail entrepris, malgré les difficultés que l'on rencontre, sous peine de subir les plus fâcheux retards.

En outre, en s'y prenant de bonne heure, non seulement on fait un choix plus judicieux, mais on épargne son temps et sa peine. Le candidat peut, en effet, recueillir peu à peu, sans qu'il lui en coûte beaucoup de peine, tous les documents intéressants qui parviendront à sa connaissance : articles de doctrine, décisions de jurisprudence, documents législatifs français et étrangers, statistiques, etc. Il se constituera ainsi lentement un dossier important et gagnera par là un temps précieux. Ajoutons qu'il est fort avantageux de pouvoir réfléchir à loisir aux questions que l'on doit étudier. L'esprit, tenu en éveil, trouve, dans l'étude même des autres institutions, l'occasion de faire des rapprochements utiles et féconds ; il se familiarise avec le sujet, en voit les diverses faces, les points de contact avec d'autres questions. Cette longue méditation, si féconde et qui seule permet des œuvres solides, n'est pas possible quand le choix est fait à la dernière heure. Aussi beaucoup de ceux qui s'en tiennent à ces fâcheux errements ne commencent-ils à bien connaître leur sujet qu'au jour où ils ont achevé leur travail. C'est alors seulement qu'ils en sentent les imperfections et les lacunes ; ils seraient prêts à faire mieux, mais il est trop tard.

**III. Conseils sur le choix du sujet.** — 1° L'étudiant commencera par décider de la branche du droit privé ou public, ou de la partie de l'économie politique dans laquelle il prendra son sujet de thèse. Sur ce point, il n'est pas possible de le conseiller à l'avance ; cette décision dépend de ses préférences, de ses goûts, de ses études antérieures, et parfois, de la carrière à laquelle il se destine. A ce dernier point de vue, les candidats au doctorat qui exercent déjà une profession, qu'ils travaillent dans une étude, une compagnie d'assurances, une banque ou une administration, ont intérêt à étudier une institution se rattachant à leurs occupations. Placés à la source des renseignements, ils pourront faire une œuvre bien documentée, et, par conséquent, intéressante, car une thèse ne vaut que ce que valent les documents qui ont servi à la composer. Quant à ceux qui, sans avoir encore abordé la vie des affaires, sont dès à présent fixés sur leur future carrière, il n'y a pour eux que des avantages à entreprendre un travail susceptible de leur servir par la suite.

2° L'étudiant cherchera ensuite la question ou l'institution qui fera l'objet de son travail. Les considérations personnelles tiennent ici encore une place prépondérante. Nous nous contenterons donc de présenter quelques observations générales, simples conseils qui pourront utilement guider la détermination du candidat.

*A).* — D'une manière générale, il vaut mieux prendre un sujet peu étendu et le traiter à fond plutôt que d'aborder une vaste matière que l'on se bornera à examiner superficiellement. Les questions qui paraissent au premier abord très limitées prennent, lorsqu'on les étudie de près, une extension insoupçonnée. On leur découvre des ramifications nombreuses qui fournissent un champ bien plus ample qu'on ne le supposait au début. Certains articles du Code civil notamment, qui n'ont qu'une place fort restreinte dans les Commentaires, certaines institutions auxquelles les auteurs ne consacrent que quelques lignes, peuvent ainsi faire l'objet d'une étude intéressante.

*B*). — Il faut éviter de prendre un sujet sur lequel une bonne thèse a été composée au cours des années précédentes. On s'exposerait le plus souvent à des redites, on n'aurait pas la satisfaction de la création personnelle, satisfaction que la thèse doit procurer à son auteur ; il est indispensable, en effet, que l'étudiant ait l'impression qu'il apporte sa contribution personnelle au sujet choisi par lui. Mais, d'autre part, il faut ajouter que certaines institutions évoluent constamment et demandent par suite à être étudiées périodiquement, surtout en ce qui concerne la jurisprudence à laquelle elles donnent lieu.

*C*). — Les études de jurisprudence offrent une mine excessivement riche et qui est loin d'être épuisée. Bien des parties de notre jurisprudence moderne sont encore fort mal connues. C'est, en effet, par les décisions des tribunaux que notre droit actuel progresse, autant, sinon plus, que par l'intervention législative. Nous recommandons donc tout particulièrement ces études aux candidats au doctorat. Nous dirons plus loin comment elles doivent être comprises et dirigées.

*D*). — On peut également conseiller les travaux sur a jurpisrudence antérieure au XIX<sup>e</sup> siècle. Jusqu'à ce jour, ces travaux ont été fort peu nombreux, et pourtant ils seraient fort utiles, car ils démontreraient, croyons-nous, pour bien des institutions, le lien qui unit notre jurisprudence actuelle à la jurisprudence antérieure et éclaireraient ainsi la marche du droit.

*E*). — L'étude des clauses notariales et de leurs modifications au cours du temps offre également de bons sujets de thèses. On peut donner comme exemples les travaux consacrés aux clauses concernant le rapport de la dot à la succession des père et mère qui l'ont constituée.

*F*). — La réglementation d'une institution dans une législation étrangère et sa comparaison avec la réglementation de cette même institution dans le droit français peut donner lieu à de très utiles travaux. On ne saurait trop recommander ce genre de sujet aux candidats qui sont en possession d'une langue étrangère et peuvent aller faire un séjour de quelques mois à l'étranger. Rien ne forme plus l'esprit juridique que ces comparaisons, rien n'est plus favorable à l'élargissement et à la rectitude des vues du jurisconsulte et de l'économiste.

*G*). — A l'inverse, nous conseillons moins le commentaire des lois toutes récentes, sur lesquelles il n'y a pas encore de jurisprudence. Ce commentaire est en général un travail assez ingrat à faire, et le candidat, n'ayant à sa disposition que les travaux parlementaires, risque de faire une œuvre manquant de vie.

*H*). — Les travaux de pure discussion théorique sur la nature juridique d'une institution présentent ordinairement plus de difficultés que les précédents. Ils exigent une maîtrise que ne peut encore posséder un étudiant, même ayant fait de bonnes études. L'auteur se borne le plus souvent à exposer et critiquer les principales doctrines soutenues par les juristes sans faire avancer la question. Or, quand on compose un ouvrage, il faut chercher avant tout à apporter quelque chose de nouveau, d'inédit sur le sujet que l'on traite. Il faudrait que chaque thèse marquât un progrès dans la littérature juridique (1).

(1) *Formalités à remplir.* — Avant de commencer son travail, le candidat doit rédiger par écrit le titre du sujet qu'il a choisi, le faire signer par le Président et le déposer au Secrétariat en vue d'obtenir l'approbation du doyen de la Faculté.

# CHAPITRE II

## BIBLIOGRAPHIE

Une fois le sujet choisi, il faut en dresser la bibliographie, c'est-à-dire la liste des travaux déjà parus sur la question que l'on se propose de traiter. Il n'est pas besoin d'insister sur la nécessité des recherches bibliographiques : elles sont indispensables pour arriver à connaître tous les écrits publiés sur le sujet choisi et en apprécier la valeur. On recherchera donc tous ces écrits, puis on en publiera la liste dans un index bibliographique joint à la thèse.

### § 1. — RECHERCHES BIBLIOGRAPHIQUES

Ces recherches ont dû être déjà commencées en vue du choix du sujet. Il s'agit maintenant de les compléter et d'en consigner les résultats par écrit, sur des fiches dont le nombre augmentera jusqu'à l'achèvement du travail.

Pour éviter aux étudiants des pertes de temps, il importe de leur donner, avant l'indication des sources auxquelles il faut puiser, quelques conseils sur la méthode à suivre dans ces recherches.

**I. Conseils.** — *a)* Constituer un dossier pour les

recherches bibliographiques, dossier que l'on divisera en parties, consacrées, suivant les besoins du sujet, au droit romain, à l'ancien droit, au droit français moderne, au droit étranger. Dans chaque partie, et principalement dans celle concernant le droit français moderne, on classera sous des chemises distinctes :

Les ouvrages généraux qui consacrent quelque développement au sujet étudié ;

Les monographies diverses : thèses, ouvrages spéciaux, articles de revues, notes publiées dans les recueils de jurisprudence.

*b)* Dresser une fiche spéciale pour chacune des publications relevées en indiquant au besoin l'importance qu'elle paraît avoir.

*c)* Noter avec exactitude sur la fiche le titre de chaque publication et toutes les indications permettant de la retrouver aisément. Ainsi, pour un ouvrage général, ne pas oublier d'indiquer l'édition, s'il y en a plusieurs, le nom de l'éditeur, la date et le lieu de publication, les paragraphes et les pages traitant du sujet. Pour un article de revue, noter le titre de celle-ci, l'année et le numéro du tome de la revue, le titre de l'article, les pages de la revue qu'il occupe.

Toutes ces fiches seront groupées, comme nous l'avons dit, dans les diverses parties du dossier bibliographique. Ce dossier grossira peu à peu. Il se complètera même encore au cours du travail d'élaboration de la thèse, car il est rare que l'on trouve tout dès les premières recherches : les références rencontrées au cours des lectures font connaître des travaux que l'on n'avait pas encore découverts ; c'est une filière. On ne manquera pas de noter sur des fiches tout ce qui paraîtra utile à consulter, afin de ne rien oublier.

**II. Des ouvrages à utiliser.** — Le candidat se trouve ordinairement fort embarrassé pour savoir où trouver les références permettant de découvrir les travaux traitant des questions qu'il doit étudier. Il n'est pas possible d'indiquer ici tous les ouvrages qu'il devra consulter à cet effet. Nous nous en tiendrons à quelques indications générales (1) concernant le droit français, en renvoyant pour le surplus aux recherches dans les catalogues de la bibliothèque de la Faculté de Droit qui sont :

1º Le catalogue général des ouvrages, dressé par noms d'auteurs et par titres d'ouvrages ;

2º Le catalogue des thèses de doctorat de Paris et celui des thèses de doctorat de province ;

3º Le catalogue des articles publiés dans les principales revues juridiques (2).

(1) Il convient de signaler tout d'abord les bibliographies générales suivantes :

1º *Le catalogue général de la Librairie française*, par Lorenz, continué par Jordell « qui fournit, en 26 volumes, à peu près « toute la production littéraire française de 1840 à 1915. »

2º *Le Bulletin mensuel des récentes publications françaises*, publié par la Bibliothèque nationale. C'est « une liste bibliogra-« phique classée méthodiquement (depuis 1909) et pourvue de « deux excellentes tables annuelles (auteurs et matières). C'est « actuellement le meilleur instrument de recherche bibliogra-« phique pour les ouvrages français. »

3º *Le Bulletin mensuel des publications étrangères reçues par la Bibliothèque nationale*. Ce bulletin « donne des listes « méthodiques des ouvrages ; chaque titre de langue étrangère « est suivi de la traduction française. »

V. le guide de M. J. Gautier, p. 34, 35, mentionné à la note suivante, guide auquel les citations indiquées sont empruntées.

(2) Pour la bibliothèque de la Faculté de droit de Paris, ne

## 1° DROIT ROMAIN ET ANCIEN DROIT

Pour le droit romain, les manuels de Girard (1) et de Cuq (2) seront des guides précieux, car on y trouvera des références, non seulement aux textes, mais aux ouvrages et monographies à consulter. Ils ouvriront la filière qui conduira aux divers travaux publiés sur le sujet traité (3).

Ces manuels n'ont malheureusement pas leur équivalent pour notre ancien droit. Aussi les candidats sont-ils ordinairement fort embarrassés pour savoir comment diriger leurs investigations lorsqu'ils n'ont pas reçu, ce qui est le cas de la plus grande majorité, une formation historique. Très rares sont ceux qui remontent au delà du XVII⁰ siècle, ou se livrent à des recherches sur la jurisprudence antérieure au XIX⁰ siècle, alors que pourtant il conviendrait très souvent de suivre les vicissitudes de l'institution

pas manquer de consulter le *Guide à l'usage des étudiants* publié par J. Gautier, bibliothécaire, Paris, Librairie du Recueil Sirey, 1919. Ce guide indique la liste des Revues françaises et étrangères dont la bibliothèque possède les collections. On y trouvera également des conseils sur la façon dont on doit se documenter et des renseignements sur quelques autres bibliothèques parisiennes. On complétera les indications bibliographiques que nous donnons plus loin par celles que contient ce guide (p. 31 à 51).

(1) *Manuel élémentaire de Droit romain*, Paris, Rousseau. 7⁰ édition, 1924.

(2) *Manuel des institutions juridiques des Romains*, Paris, Librairie générale de droit et de jurisprudence, 2⁰ édition, 1917.

(3) On ne manquera pas de consulter également le traité classique de Windscheid, Lehrbuch des Pandektenrechts ; les dernières éditions publiées par Kipp, contiennent une exposition comparée du droit civil allemand.

étudiée à travers les œuvres des glossateurs, puis des canonistes, des romanistes et des auteurs coutumiers.

Le candidat qui veut étudier sérieusement les précédents de son sujet fera bien de s'adresser à son président de thèse, ou à un professeur d'histoire du droit, pour lui demander comment il doit diriger ses recherches et quels auteurs il lui faut consulter.

Il pourra du reste trouver quelques indication utiles dans les ouvrages suivants :

1° Le *Précis de l'Histoire du Droit Civil françai* de Viollet (Larose et Ténin, Paris, 1905, 3ᵉ édition) dont le livre premier est consacré à l'étude des sources du droit romain, du droit canonique, du droit germanique et du droit français.

2° Le *Manuel d'Histoire du Droit* de Brissaud. Ce Manuel, publié en 1904 (Fontemoing, Paris) comprend 2 volumes, consacrés le premier à l'*Histoire du Droit public,* le second à l'*Histoire du Droit privé.* Ce second volume a été publié séparément en 1908 ; il peut se comparer pour la richesse des références aux manuels de droit romain précités.

3° Le tome 2ᵉ de la *Profession d'Avocat* de Dupin aîné. Ce tome 2ᵉ a pour sous-titre « *Bibliothèque choisie des œuvres de Droit qu'il est le plus utile d'acquérir et de connaître* ». Cette Bibliothèque ou Bibliographie avait été composée par l'Avocat Camus en 1772. Elle fut reprise et complétée par Dupin aîné au XIXᵉ siècle, qui en publia de nouvelles éditions (la 5ᵉ date de 1832). Elle est précieuse ; elle embrasse le Droit romain, l'Ancien Droit français, le Nouveau Droit français, le Droit canonique ou ecclésiastique et le Droit étranger. Elle est complétée par une série de tables :

*a)* table analytique des titres, sections et paragraphes sous lesquels se rangent les livres de droit ;

*b)* table alphabétique des noms des auteurs et des titres de leurs ouvrages avec renvois aux numéros de la bibliographie sous lesquels les ouvrages sont indiqués ;

*c)* table alphabétique des ouvrages sans noms d'auteurs ;

*d)* table alphabétique des matières dont traitent ces ouvrages.

On y trouve également des notices historiques, critiques et bibliographiques sur plusieurs livres de jurisprudence française remarquables par leur antiquité ou leur origine.

L'indication des ouvrages est accompagnée de quelques annotations sur leur contenu et sur la biographie de leurs auteurs, notamment la date de leur naissance et de leur mort. Nous recommandons vivement aux candidats au doctorat de prendre l'habitude de noter ces deux dates pour chaque jurisconsulte dont ils auront à consulter les œuvres. Cette annotation est indispensable pour la précision des idées et l'ordre chronologique des développements. Elle évite de commettre de regrettables méprises.

4° Les *Sources de l'histoire des institutions et du Droit français*, publiées par GAVET (Paris, Larose, 1899, 1 volume).

Cet ouvrage, spécialement fait pour les travaux historiques, contient :

*a)* quelques avis et règles pratiques sur le choix d'un sujet, la lecture des devanciers, l'emploi des documents ;

*b*) l'indication des ressources à l'aide desquelles, un sujet une fois choisi, on peut en dresser la bibliographie ;

*c*) l'indication des recueils et collections qu'il n'est pas permis de ne pas connaître, et celle des répertoires divers à l'aide desquels on peut trouver dans ces recueils et dans tous autres les documents utilisables.

*d*) celle d'un certain nombre d'ouvrages auxiliaires pouvant donner les renseignements nécessaires dont peut avoir brusquement besoin quiconque entreprend une étude d'histoire.

5° *L'histoire de la Coutume de la prévôté et vicomté de Paris*, par M. OLIVIER MARTIN, Professeur à la Faculté de Droit de Paris, dont le Tome I<sup>er</sup> a paru en 1922 (Paris, Leroux).

6° En ce qui concerne la jurisprudence de nos anciens Parlements, il y a un nombre considérable de recueils ou de dictionnaires. On en trouvera la liste dans la *Bibliographie* de CAMUS ET DUPIN (5° éd. p. 289 et suivantes). La Bibliothèque de la Faculté de Paris possède le plus grand nombre de ces recueils et dictionnaires (1).

## 2° DROIT MODERNE

Les recherches personnelles doivent être faites dans trois catégories distinctes de travaux :

A) les ouvrages généraux ;
B) les monographies et les thèses ;
C) les articles de revues.

(1) On ne manquera pas de dépouiller la bibliographie publiée périodiquement par la *Revue historique de droit français et étranger*.

## A) Ouvrages généraux

Nous rangeons sous ce titre les grands répertoires de doctrine et de jurisprudence, les codes annotés et les grands traités de droit.

**a). *Répertoires*.** — Les répertoires généraux fournissent une bibliographie importante en tête de chaque mot. Les principaux sont :

Le *Répertoire méthodique et alphabétique de législation de doctrine et de jurisprudence* de DALLOZ, en 44 tomes, dont le dernier est divisé en deux parties. Il est malheureusement un peu ancien, puisque le dernier volume remonte à 1864. Une Introduction historique formant un premier volume a été publiée en 1870. Un supplément en 19 tomes a paru de 1887 à 1897. Ce répertoire jouit d'une réputation justement méritée. C'est un véritable ouvrage doctrinal d'une réelle valeur.

La librairie Dalloz publie en outre aujourd'hui un *Répertoire pratique de législation, doctrine et jurisprudence*, commencé en 1910 et qui est sur le point d'être achevé.

Le *Répertoire général alphabétique du Droit français*, publié de 1886 à 1906, sous la direction de FUZIER-HERMAN, par Carpentier et Frèrejouan Du Saint, en 36 volumes, plus une table chronologique. Un supplément à ce répertoire est en cours de publication depuis 1911.

Le *Nouveau répertoire de doctrine, législation et jurisprudence*, publié par les Pandectes françaises, sous la direction de RIVIÈRE, puis sous celle de WEISS, de 1886 à 1905. Il comprend 59 volumes, plus un supplément de 4 volumes parus de 1907 à 1910.

Le *Répertoire encyclopédique du Droit français* par

Labori, Schaffauser et Duparcq, 12 vol. et 2 vol. de supplément, Paris, 1889.

Les *Pandectes belges*, par *Edmond Picard*, en cours de publication (109 vol. parus depuis 1878, Bruxelles).

Le *Répertoire du Droit administratif*, par *Béquet*, continué par Laferrière et Dislère, concerne seulement le droit administratif et comprend 28 volumes (1882-1911);

Le *Répertoire de Droit international privé et de Droit pénal international* de *Darras et de Lapradelle*, en cours de publication ;

Le *Répertoire général et raisonné de l'Enregistrement*, par *Garnier*, 7 vol., 1901-1908 ;

Le *Traité pratique et formulaire général de notariat* par *Defrénois*, 5 vol., 1907-1912 ;

. La collection des *Juris-classeurs*, encyclopédie sur fiches et fascicules interchangeables, tenue au courant par adjonc, tion ou remplacement de ces fiches ou fascicules. Elle se compose des jurisclasseurs suivants : *civil* (18 vol.); *pénal* (4 vol.); *procédure civile* (10 vol.) ; *commercial* (30 vol.); *des sociétés* (10 vol.); *notarial* (16 vol.) ; *de l'enregistrement* (6 vol.).

***b) Codes annotés.*** — Les Codes annotés sont utiles à consulter pour les décisions de jurisprudence qu'ils relatent ; on y trouve aussi d'intéressantes références aux ouvrages de doctrine.

Il y a deux grandes collections de Codes annotés :

1° Les Codes annotés Dalloz qui comprennent : *Code civil*, 5 vol. ; *Code de Commerce*, 2 vol ; *Code de procédure civile*, 2 vol. ; *Code pénal*, 2 vol. ; *Code d'instruction criminelle*, 1 vol. ; *Code des lois politiques et administratives*, 5 vol., avec supplément ; *Code forestier*, 1 vol. ; *Code de l'enregistrement*, 2 vol.

2° Les Codes annotés du recueil Sirey qui comprennent :
Code civil, par Fuzier-Hermann et Griffond, 6 vol. ; Code de commerce, par Cohendy et Darras, 2 vol. ; Code de procédure civile, par Tissier, Darras, Louiche-Desfontaines, 3 vol. ; Code pénal, par Garçon, 2 vol.

Le Code pénal annoté de Garçon, que nous venons de citer (dont le premier volume a paru en 1911) mérite une place à part dans la collection des Codes. Par l'importance des idées générales, l'ampleur avec laquelle les questions sont discutées, la remarquable systématisation qu'il présente de la jurisprudence, il constitue un véritable traité de droit pénal. C'est un ouvrage de tout premier ordre, un vrai modèle. Le fils de notre si regretté collègue en achève pieusement la publication.

**c) *Traités généraux*.** — Nous ne parlerons pas ici des Manuels publiés sur les différentes branches du droit, que nous supposons connus des candidats au doctorat ; nous nous contenterons de citer quelques grands traités :

### En Droit civil (1).

Aubry et Rau. *Cours de droit civil français*, 5ᵉ éd. revue et mise au courant, par Rau et Falcimagne pour les cinq premiers volumes, par E. Bartin pour les sept derniers (12 vol. parus de 1897 à 1922) ; le 12ᵉ vol. contient la Table générale.

Baudry-Lacantinerie avec la collaboration de

(1) On pourra consulter la *bibliographie raisonnée du Droit Civil* de Dramard, très bien faite, mais qui date de 1879. Pour la bibliographie des ouvrages de droit civil, monographies et thèses, depuis 1900, la *Revue trimestrielle de droit civil* donne de précieux renseignements. Les listes bibliographiques qu'elle publie périodiquement sont accompagnées de notes critiques et signalent les ouvrages étrangers et les articles parus dans les grandes revues étrangères.

MM. Barde, Bonnecarrère, Chauveau, Chéneaux, Maurice Colin, Houqués-Fourcade, Le Courtois, de Loynes, Saignat, Surville, Tissier, Wahl, Professeurs des Facultés de Droit. *Traité théorique et pratique de droit civil* (3e éd., de 1905 à 1908) 29 vol., avec la Table. Un supplément de quatre volumes par Julien Bonnecase est en cours de publication.

Demolombe. *Cours de Code Napoléon,* continué par Guillouard. Cet ouvrage se présente sous forme de Traités spéciaux, mais qui embrassent l'ensemble des matières réglementées par le Code civil en suivant l'ordre de ses articles. Les parties publiées par Demolombe comprennent 31 volumes, dont la 3e éd. s'échelonne de 1865 à 1882 ; les traités dus à Guillouard forment 19 vol. parus de 1885 à 1902.

Laurent. *Principes de droit civil français,* 33 vol., 3e édit., 1878.

Huc. *Commentaire théorique et pratique du Code civil,* 15 vol. (1892 à 1903).

Ch. Beudant. *Cours de droit civil français,* publié par son fils, Robert Beudant : *Introduction,* 1 vol. ; *Etat et capacité,* 2 vol. ; *Contrats et obligations,* 1 vol. ; *Vente et louage,* 1 vol. ; *Sûretés personnelles et réelles,* 2 vol.; Paris, Rousseau, 1896 à 1908.

Demogue. *Traité des obligations en général,* 5 vol. parus, Paris, Rousseau, 1924-1925.

Planiol et Ripert. *Traité pratique de droit français,* tome VIII, régimes matrimoniaux, première partie, avec le concours de M. Marcel Nast, Paris, Librairie générale de droit, 1925.

## En Droit commercial.

Lyon-Caen et Renault. *Traité de droit commercial* (4e éd. de 1906 à 1916) 9 vol. et 1 fascicule ; 5e édition en cours d'impression depuis 1921.

THALLER. *Traité général théorique et pratique de droit commercial*, Paris, Rousseau. Le plan de cet ouvrage comprend la totalité du droit commercial sous forme de traités séparés dont quelques-uns seulement ont été publiés jusqu'ici : THALLER et PIC, *Sociétés commerciales*, 1908-14 ; THALLER et JOSSERAND, *Les Transports*, 1911 ; THALLER et RIPERT, *Droit Maritime* (2e édit., 1922-23) ; THALLER et PERCEROU, *Les Faillites et Banqueroutes*, 1912.

Pour le Droit maritime particulièrement, en dehors des Traités précédents :

DANJON. *Traité de droit maritime*, 6 vol. parus de 1910 à 1915-16.

### EN DROIT PÉNAL.

GARRAUD. *Traité théorique et pratique du droit pénal français*, Paris, 2e éd., 6 vol. de 1898 à 1912. Une 3e éd. est en cours de publication depuis 1913 : 4 vol. ont déjà paru, le dernier en 1922.

Le même auteur publie un *Traité théorique et pratique d'instruction criminelle et de procédure pénale*, lequel, commencé en 1907, comprend actuellement trois volumes.

FAUSTIN-HÉLIE. *Traité de l'instruction criminelle.* 2e éd., Paris, 1866-1867, 8 vol.

### EN PROCÉDURE CIVILE ET COMMERCIALE.

GARSONNET et CÉZAR-BRU. *Traité théorique et pratique de procédure civile et commerciale.* 3e éd., 9 vol., 1925, Paris, Teniu.

GLASSON et TISSIER. *Traité théorique et pratique d'organisation judiciaire, de compétence et de procédure civile*, 3e édit., t. 1er, Paris, Tenin, 1925.

## En Droit International privé.

Weiss. *Traité théorique et pratique de droit international privé.* 2ᵉ éd., Paris, Tenin, 6 vol. de 1907 à 1913. On trouvera en tête de chaque volume des index bibliographiques.

Pillet. *Principes de droit international privé,* 1 vol. Paris, Pedone, 1903.

Pillet. *Traité pratique de droit international privé* 2 vol., Paris, Tenin, 1923-1924.

Consulter la bibliographie publiée à la fin de chaque volume de la *Revue de droit international privé* (de Lapradelle) et du *Journal de droit international privé* (Clunet).

## B). Monographies, et thèses.

Pour ces travaux, on consultera les catalogues méthodiques des bibliothèques (1) et les chroniques bibliographiques des recueils et des revues.

En ce qui concerne plus particulièrement les thèses, il existe en général dans les bibliothèques universitaires un catalogue qui leur est spécialement affecté. En outre, un index bibliographique des thèses est publié chaque année, sous les auspices du Ministère de l'Instruction publique, par la librairie Leroux depuis 1884.

Les monographies et les thèses sont de précieuses sources de renseignements. Cependant il convient de ne pas attacher à toutes les thèses une égale importance. C'est à l'auteur de faire un choix judicieux et

(1) La bibliothèque de la Faculté de droit de Paris possède un catalogue alphabétique des principaux articles publiés dans les grandes revues françaises et étrangères dont la liste est donnée par le guide de M. Gautier, p. 6.

de ne citer que celles qui lui paraissent bien faites et utiles au sujet qu'il traite.

## C) Revues [1].

Il en existe de *générales* et de *spéciales* ; on aura recours aux unes et aux autres suivant le sujet.

Pour les revues très spéciales, on pourra s'adresser à d'autres Bibliothèques que celles des Facultés de Droit ; par exemple, en matière de Droit pénal, à celle de la *Société Générale des prisons*.

On peut citer à titre d'exemple les Revues suivantes :

HISTOIRE DU DROIT.

*Revue historique de Droit français et étranger.*

DROIT CIVIL.

*Revue trimestrielle de Droit civil,*
*Revue critique de législation et de jurisprudence.*
*Revue générale du Droit, de la législation et de la juris-*
*prudence.*

Ces deux dernières Revues font une place importante au Droit civil, sans lui être toutefois exclusivement consacrées.

DROIT COMMERCIAL ET MARITIME.

En cette matière, les Revues sont le plus souvent consacrées à une catégorie déterminée d'institutions. Il en est une cependant qui a un caractère général, ce sont les *Annales de Droit commercial*.

(1) Compléter nos indications par la liste des principales Revues que l'on trouvera à la Bibliothèque de la Faculté de Droit de Paris, liste publiée dans le guide de M. Gautier, p. 16 et s.

Parmi les autres, signalons :

*Revue de droit maritime comparé,* publiée par Dor, qui a fait suite en 1923 à la *Revue Internationale de droit Maritime.*

*Journal des Sociétés.*

*Revue des Sociétés.*

*Journal des Faillites et des Liquidations judiciaires.*

*Annales de la Propriété industrielle, artistique et littéraire.*

### Droit pénal.

*Bulletin de l'Union Internationale de Droit Pénal,* Berlin et Bruxelles, 1889-1914.

La Société des prisons publie la *Revue pénitentiaire et de droit pénal.*

### Droit international privé.

*Journal du droit international* souvent désigné simplement par le nom de son fondateur Clunet.

*Revue de droit international privé et de droit pénal international* (de Lapradelle).

### Droit public et international public.

*Revue du droit public et de la Science politique en France et à l'étranger* (Gaston Jèze)

*Revue de science et de législation financières* (Gaston Jèze).

*Revue des Sciences politiques,* publiée avec la collaboration des professeurs et des anciens élèves de l'Ecole libre des Sciences politiques.

*Revue générale d'administration.*

*Revue générale de droit international public* (Paul Fauchille et A. de Lapradelle).

*Revue de droit international et de législation comparée,* Bruxelles.

Droit comparé.

*Bulletin mensuel de la Société de législation comparée.*
*Annuaire de législation étrangère* publié par la Société
de législation comparée.

Il faut ajouter aux revues précitées le *Bulletin de la
Société d'Études Législatives*, qui publie les discussions
de la Société et les propositions de lois préparées par
elle se rapportant aux diverses branches du Droit.

Le *dépouillement des Revues* devra être effectué
en commençant par les numéros les plus récents. Sauf
cas exceptionnels, on pourra se contenter de le faire
porter sur une période d'environ 25 ans. Les articles
antérieurs qui présenteraient une réelle valeur seront
certainement mentionnés dans les autres ouvrages,
généraux ou spéciaux, qu'on aura déjà consultés.

## § 2. — ETABLISSEMENT DE L'INDEX BIBLIOGRAPHIQUE DEVANT FIGURER DANS LA THÈSE

La bibliographie recueillie doit être publiée dans un
index annexé à la thèse.

Les indications données dans cet index doivent être
assez précises pour permettre au lecteur de retrouver
dans les ouvrages cités les passages intéressants. Il ne
faut donc jamais citer des Répertoires ou Traités généraux sans donner les références exactes. Par exemple,
si l'on cite un Traité, il faut indiquer le nom de l'auteur, le titre intégral de l'ouvrage, le tome, les pages
ou les numéros de ce tome qui sont utiles à lire.

La bibliographie doit être *dressée par ordre alphabétique, d'après les noms d'auteurs.* Les références doi-

vent être complètes et précises ; elles doivent contenir :

> le nom de l'auteur,
> le titre intégral de l'ouvrage,
> le tome (éventuellement)
> l'édition (lorsqu'il y en a plusieurs)
> le nombre des volumes et leur format,
> la ville où réside l'éditeur,
> l'année de publication.

Le nom de l'auteur et le titre de l'ouvrage devront être imprimés en caractères différant entre eux, et différents aussi de ceux employés pour les autres indications (Voy. *infrà* les procédés à employer pour l'impression). Exemples :

Lyon-Caen & Renault. — *Traité de Droit commercial*, t. 1er (5e éd.) 1 vol. in-8°, Paris, 1906, 9 vol.

Demogue R. — *Traité des Obligations en généra (I, Sources des Obligations)* tome II, in-8°, Paris, 1923, 5 vol. parus.

Quand une bibliographie, étant donné le nombre des ouvrages cités, prend des proportions considérables, il pourra être utile de la *diviser en plusieurs parties*. Cette division ressortira le plus souvent du sujet même de l'ouvrage.

Plusieurs procédés sont possibles ; en voici quelques-uns à titre d'exemple :

| Ouvrages généraux | Ouvrages spéciaux |
|---|---|
| ou bien Histoire | Droit Contemporain (lequel peut éventuellement être scindé en Droit français, Droits étrangers). |
| ou bien Droit français | Droits étrangers |

# CHAPITRE III

## LE PLAN

Dès que l'on est en possession des principaux éléments de la bibliographie, il faut, en s'aidant de ces éléments, dresser le plan de son travail, c'est-à-dire en établir les divisions. Quelque ouvrage que l'on écrive, il est nécessaire de discipliner son esprit et de suivre dans le développement de son œuvre un ordre aussi logique, aussi rigoureux que possible. Pour nous, Français, le plan est l'ossature de l'œuvre. Nous ne pouvons supporter ni lire avec intérêt un ouvrage touffu et sans ordre où le lien manque entre les diverses parties.

## I. — PREMIÈRE ÉLABORATION DU PLAN

L'étudiant qui commence sa thèse ne peut, dès le début, se tracer un plan définitif : il ne connaît pas encore suffisamment pour cela le sujet. Le plan ne se dégagera qu'au fur et à mesure des recherches ; il dépendra des matériaux trouvés. Toutefois, l'auteur devra avoir soin de tracer au plus tôt un plan d'ensemble pour délimiter son sujet et préciser ses investigations. Pour cela, il prendra une vue générale de son sujet dans les travaux antérieurs qu'il lira rapidement en ne notant que les idées principales et les réflexions que lui suggère cette lecture, sans vouloir d'ores et déjà en retenir la substance et en extraire tous les renseignements qu'ils peuvent fournir. Ce qu'il faut, c'est acquérir le plus vite possible une vue d'ensemble de la matière et se fixer des points de repère pour les recherches qui vont suivre. L'étudiant tracera donc un plan provisoire pour se tracer des limites et éviter de se jeter dans des chemins de traverse. C'est, en effet, un danger qui guette quiconque entreprend l'étude d'une institution. De lecture en lecture, de renvoi d'un auteur à un autre, d'une décision de jurisprudence à une autre, on est souvent amené à glisser hors du sujet. On rencontre une question intéressante, mais un peu en marge de celle que l'on se propose d'étudier ; il est possible pourtant qu'on ait à en dire un mot, soit dans le corps de la thèse, soit en note pour montrer que l'on est informé de tous les tenants et aboutissants du domaine parcouru ; et comme on ne voit pas encore très nettement l'ensemble des développements futurs, on juge plus prudent de faire une fiche sur cette question. Il en résulte un certain encombrement qui nuit à la perception nette de ce qui est l'essentiel.

Aussi faut-il se demander souvent où l'on va, et faire le point : dans quelle mesure telle théorie, telles décisions de jurisprudence pourront-elles être utilisées, et à quelle partie du sujet faudrait-il les rattacher ? Si ce rapport n'est pas bien visible, noter en quelques lignes l'idée, les références précises pour y revenir, si besoin est, plus tard, et passer outre, en reprenant l'ordre que l'on s'est imposé. Le souci de la coordination des idées aura donc cet heureux effet de débarrasser l'étudiant des matériaux superflus et par là de hâter ses recherches et de le conduire plus sûrement à une conclusion nette.

## II. — DIVISION DU PLAN

Les divisions à adopter seront plus ou moins nombreuses suivant l'importance de la matière à traiter. Si le sujet le comporte, s'il présente des séparations bien tranchées, on le divisera tout d'abord en parties : par exemple, une première partie consacrée à l'étude de l'institution en droit français ; une seconde au droit comparé. Chaque partie pourra se diviser elle-même, si cela est nécessaire, en titres, mais en général, la répartition en chapitres sera suffisante. Chaque chapitre se subdivisera en sections, et les sections en paragraphes, et, au besoin, ces derniers comporteront un classement des idées à développer par indications de chiffres romains ou arabes.

A chacune des divisions et subdivisions adoptées par lui, l'étudiant consacrera un dossier spécial dans lequel viendront s'insérer autant de chemises qu'il y a de subdivisions, et il aura soin de mettre sur chacune de ces chemises un numéro d'ordre qui permettra de les reclasser aisément lorsqu'elles auront été déplacées. C'est dans ces chemises que prendront place toutes les fiches qu'il rédigera au cours de ses recherches. Il est nécessaire, en effet, pour ce travail de recherches, d'avoir toujours la plume à la main et de faire des fiches pour toutes les idées intéressantes, et notamment les associations d'idées, les rapprochements que font surgir dans l'esprit les lectures, les recherches et les réflexions, car on pourrait ne plus les retrouver par la suite. Ces fiches sont absolument indispensables, si l'on veut économiser son temps, et ne pas recommencer inutilement des recherches déjà faites. Ajoutons qu'il ne faut pas se contenter de fiches principales, mais qu'il faut faire aussi des fiches de renvoi grâce auxquelles on pourra, relativement aux points auxquels il sera fait allusion en dehors de la place où ils seront spécialement traités, se reporter en temps opportun à la fiche principale qui contient tous les renseignements.

Comme ces fiches seront souvent maniées, l'étudiant fera bien de rappeler par un numéro placé en tête de chacune le dossier spécial auquel elles appartiennent. Un ordre rigoureux s'impose, si l'on ne veut perdre beaucoup de temps à retrouver un renseignement au moment où il vous serait utile.

## III. — LE PLAN DÉFINITIF

Le travail de recherches et la réflexion conduisent presque nécessairement à modifier le plan primitivement établi, à déplacer certaines matières, à changer l'ordre des chapitres, des sections, des paragraphes. Si nous recommandons la constante préoccupation du plan durant la période d'initiation au sujet, c'est pour que l'auteur serre de près le problème étudié, le creuse en s'y enfermant, et évite d'être confus, mais il est bien évident qu'il doit apporter au plan d'abord tracé toutes les modifications que les recherches postérieures permettront de découvrir. Il faut avoir plutôt le souci de l'ordre que le respect d'un ordre une fois établi ; il faut de la méthode, mais pas de parti-pris. Remanier sans cesse quoique avec prudence, et si l'on jette bas un projet à cause d'une idée nouvelle, essayer tout de suite de trouver un nouvel enchaînement des idées, enfin ne laisser de désordre dans aucun coin.

Arrivé au point où le sujet semble assez nourri, on reprendra ses dossiers dans l'ordre où ils ont été classés, et l'on s'assurera que toutes les notes ont été remises à leur place, ainsi que les fiches de renvoi. C'est alors que, avant de se mettre à la rédaction, il faudra établir le plan définitif, détaillé, qui devra être rigoureusement agencé et dans lequel chaque développement aura sa place marquée. Cela est indispensable pour éviter les à-coups ; on écrira très facilement, si l'on n'a qu'à suivre point par point le plan arrêté en utilisant les notes classées une dernière fois d'après l'ordre définitivement adopté.

Dans ce plan, toutes les divisions : parties, titres, chapitres, sections, paragraphes, doivent avoir leur rubrique ; c'est un excellent moyen pour arriver à un classement rigoureux et satisfaisant de la pensée. Pour ces rubriques, il faut s'appliquer à trouver des formules courtes et bien frappées. Mais il importe de conserver une certaine uniformité dans les titres et les sous-titres ; on évitera, par conséquent d'employer tantôt la forme indirecte et tantôt la forme directe : — la forme indirecte, qui comporte un substantif avec complément, sans verbe ; ex. : de la nature juridique de....., de l'étendue des obligations....., des effets et des rapports entre le..... et la..... etc. — la forme directe, phrase complète avec sujet, verbe et complément ; ex. : La stipulation pour autrui ne s'explique pas par une idée de gestion d'affaire, etc. Il convient également d'éviter de donner aux titres la forme interrogative : quels sont les effets de.... ? Il nous paraît plus conforme aux usages suivis pour les ouvrages didactiques et plus élégant d'employer uniformément le style indirect. La table des matières se présentera mieux et sera plus facile à consulter.

Le plan étant définitivement arrêté, il faut se préoccuper de l'introduction, partie difficile à rédiger, car le problème doit y être présenté sans dire d'ores et déjà la solution qu'il recevra. Il faut expliquer comment il se pose, dans quel domaine précis du droit il prend place. En somme l'introduction doit contenir toutes les notions nécessaires pour pouvoir entrer ensuite sans difficulté au cœur du sujet.

Enfin, la thèse doit comporter une conclusion. Combien de candidats l'oublient et s'arrêtent net sur la discussion de la dernière question qu'ils avaient à traiter. L'ouvrage est inachevé. Il est indispensable pour la clarté et l'utilité de la thèse de ramasser en quelques pages les idées essentielles qui se dégagent du travail accompli, et de formuler les conclusions en termes nets et précis.

Nous recommandons de ne rédiger l'introduction, tout comme la conclusion elle-même, qu'en dernier lieu, c'est-à-dire après la rédaction du corps de la thèse.

## IV. — LE ROLE DU PRÉSIDENT

Lorsque l'étudiant aura établi son plan définitif, il fera bien, avant de commencer la rédaction, de le soumettre à son président, afin de provoquer les observations que celui-ci pourrait lui faire et d'en tirer profit. Au surplus, c'est pendant tout le travail de rédaction de la thèse que le candidat doit rester en rapport avec son président. Combien les thèses seraient mieux faites, si les étudiants demandaient des conseils à leur président au cours de l'élaboration de leur travail, au lieu d'attendre qu'il soit terminé pour se présenter à nouveau chez lui ! Les étudiants méconnaissent absolument en pratique le rôle de conseiller et de directeur qui doit être celui du président.

# CHAPITRE IV

## LA DOCUMENTATION

Avant de parler de la rédaction de la thèse, revenons un peu en arrière pour donner quelques conseils sur la manière dont on doit conduire la documentation. Il faut entendre par là non seulement le dépouillement des ouvrages, monographies, articles, notes de jurisprudence publiés sur l'institution étudiée, mais encore, suivant les cas, l'étude des précédents, le dépouillement de la jurisprudence ancienne et moderne, la consultation des statistiques, les recherches de droit comparé. Il est utile d'insister sur ces différents points.

### § 1. — LES PRÉCÉDENTS HISTORIQUES

L'introduction historique, dans les cas où elle est nécessaire, car tous les sujets n'en comportent pas, est certainement une des parties de l'ouvrage qui exigent le plus gros effort. La difficulté est de savoir quelle proportion il convient de lui donner. Si l'on veut étudier avec détail l'histoire d'une institution à travers les siècles, il faut être capable de consulter les sources, d'étudier successivement, après le droit romain, les glossateurs, les canonistes, les romanistes et les anciens auteurs coutumiers. Il faut beaucoup lire, beaucoup chercher pour trouver peu. Mais combien ces recherches sont passionnantes ! Malheureusement elles exigent beaucoup de temps et souvent une préparation toute spéciale. Tous les aspirants au doctorat ne sont pas capables de fournir cet effort. Le mieux est donc de demander conseil à son président qui décidera s'il y a lieu ou non de faire une partie historique, et quelle doit en être l'importance. Si cette partie paraît nécessaire pour éclairer et expliquer le fonctionnement juridique actuel de l'institution, le candidat, à moins de se sentir capable de faire une œuvre vraiment originale, et d'embrasser la totalité du champ historique, bornera son effort aux périodes les plus importantes ; il pourra être assez bref sur le droit romain, s'il ne trouve rien à dire de nouveau à son sujet, et insistera au contraire sur telle ou telle période moins connue. En tous cas, quelle que soit l'étendue qu'il veuille donner à l'historique, il ne devra jamais se contenter de reproduire des renseignements de seconde main trouvés dans des livres antérieurs. C'est une détestable méthode qui conduit aux pires erreurs, car la vérité se déforme aussi bien en passant de livre en livre que de bouche en bouche.

## § 2. — LE DÉPOUILLEMENT DE LA JURISPRUDENCE

Nous ne reviendrons pas sur la jurisprudence antérieure au XIX<sup>e</sup> siècle. Nous avons dit ci-dessus quels sont les principaux recueils à consulter, si l'on veut pousser les recherches dans cette direction. Nous nous en tiendrons donc à la jurisprudence moderne.

L'étude critique de la jurisprudence tient aujourd'hui une place considérable dans les œuvres de doctrine et dans les thèses de doctorat. Les décisions des tribunaux sont, en effet, pour le jurisconsulte ce que les phénomènes naturels sont pour le savant. De même que ce dernier observe les choses du monde extérieur, les classe, et déduit de ces observations des lois, de même c'est par l'étude des décisions de la jurisprudence que le jurisconsulte peut saisir la vie du droit, le fonctionnement des institutions juridiques et, en même temps, leur évolution. C'est en effet, en grande partie par la jurisprudence que des modifications sont apportées à l'ordre juridique. Le juriste doit donc étudier la jurisprudence pour se rendre compte de cette évolution, en constater la direction, et au besoin, la redresser par ses critiques et ses observations.

L'examen de la jurisprudence offre pour le jurisconsulte un double intérêt. D'abord, l'observation des faits qui suscitent les procès, lui fournit de précieuses indications sur les rapports juridiques des individus, sur la façon dont ils se forment, sur leur enchevêtrement et sur les conflits qu'ils provoquent. Il faut donc, quand on étudie la jurisprudence, reconstituer tout d'abord les circonstances de faits qui ont engendré le litige. C'est bien souvent le seul procédé que le jurisconsulte ait à sa disposition pour saisir sur le vif le mouvement de la vie juridique, c'est-à-dire la conclusion des opérations juridiques et les conséquences imprévues qu'elles peuvent entraîner au cours de leur existence, soit entre les intéressés, soit à l'égard de leurs ayants cause. Sans doute, il faut bien aussi étudier les rapports juridiques en dehors des conflits qu'ils peuvent susciter, dans la pratique notariale, dans celle des hommes d'affaires, des commerçants, dans les usages commerciaux, mais il n'en reste pas moins qu'un grand nombre d'opérations juridiques, ainsi que leurs conséquences, ne sont connues que par les procès qu'elles engendrent. Nous ne saurions donc trop recommander aux étudiants de porter leur attention sur l'examen des faits des litiges. Ils y trouveront de précieuses indications et, bien souvent, c'est par cet examen seulement qu'ils pourront se rendre compte du fonctionnement réel de l'institution qu'ils étudient.

Mais là n'est pas encore le principal intérêt qu'offre la jurisprudence, car ce que le jurisconsulte doit y rechercher avant tout, c'est la solution que les magistrats ont donnée aux litiges portés devant eux, et les motifs sur lesquels ils se sont fondés. Il importe donc d'apprendre aux candidats au doctorat, qui font malheureusement trop souvent preuve d'une inexpérience regrettable, comment il faut conduire et comprendre l'étude de la jurisprudence, en leur indiquant :

1° quels sont les recueils et les ouvrages à consulter, et comment il faut s'en servir ;

2° comment il faut relever et classer les décisions recueillies ;

3° quelle importance respective il faut attacher à ces décisions, suivant qu'il s'agit de jugements de tribunaux, d'arrêts de cours d'appel, ou d'arrêts de la Cour Suprême.

# I. — Recueils et ouvrages à consulter.
## Comment il faut se servir des recueils.

### 1° Recueils de jurisprudence.

**A) Dalloz.** — La jurisprudence Dalloz se compose de 3 documents :

*Le Répertoire alphabétique* et son supplément, déjà cités ci-dessus. On y trouve un exposé de la jurisprudence depuis l'époque intermédiaire jusqu'en 1845.

*Le Recueil périodique et critique de jurisprudence, de législation et de doctrine* (D. ou D. P.) mensuel, uniquement consacré à la jurisprudence, formant depuis 1845 un vol. par an. On y trouve, surtout dans les 50 dernières années, de nombreuses et importantes notes doctrinales sur les principaux arrêts. Ce recueil est actuellement divisé en 4 parties : 1° Cour de Cassation ; 2° Cours d'appel et tribunaux ; 3° Conseil d'Etat et tribunal des Conflits ; 4° Lois et décrets, rapports et discussions législatives. Une 5e partie réunit des sommaires d'arrêts et de jugements.

Le recueil est complété par des tables alphabétiques ; la première table, en 2 vol., va de 1845 à 1867 ; la seconde publiée en 4 tables décennales, va de 1867 à 1907 ; depuis 1907, les tables sont quinquennales.

*Le Recueil hebdomadaire de jurisprudence* (D. H). qui publie dans le plus bref délai le texte des décisions intéressantes (1).

---

(1) Ce recueil ne comprenant qu'une partie, les références aux décisions qui y sont publiées sont indiquées par la mention de l'année et de la page. Ex : D. H. 1924. 189.

Pour le Dalloz mensuel, on cite l'année, la partie et la page. Ex : D. P. 1924.2.120.

Il en est de même pour le Sirey. Exemple : S. 1924.3.140.

B) Sɪʀᴇʏ. — *Le Recueil général des Lois et des Arrêts de Sirey* (S.) remonte à 1791 ; dans l'édition la plus répandue, les décisions de jurisprudence de 1791 à 1830 forment une collection à part sous le nom de Sirey chronologique (S. chr.), comprenant 9 volumes. A partir de 1830, il y a un volume par an, sauf pour les années 1918 et 1919. Ce recueil est divisé en quatre parties :

1° Cour de cassation ;
2° Cours d'appel et tribunaux ;
3° Jurisprudence administrative ;
4° Jurisprudence étrangère.

Chaque volume est complété par un bulletin des sommaires.

Les lois annotées publiées dans le recueil forment une collection à part, et sont réunies en volumes spéciaux comprenant chacun 5 années. Les lois annotées de 1790 à 1848 forment deux volumes distincts, très utiles à consulter. Comme dans le Dalloz, on trouve dans le Sirey de nombreuses et importantes notes doctrinales. Ce recueil est complété par des tables. La première table alphabétique, de 1791 à 1850, comprend 4 volumes. Elle contient pour chaque mot, outre les décisions des tribunaux, un résumé des diverses opinions émises par la doctrine. Depuis 1850 jusqu'à 1910, il a été publié 6 tables décennales ; depuis 1910, les tables sont quinquennales.

C) Deux autres grands recueils ont également été publiés au cours du XIX⁰ siècle, mais se sont fondus depuis cette époque avec le Sirey. Ce sont : le *Journal du Palais* (J. P.) et les *Pandectes Françaises* (P. F).

## 2° LES JOURNAUX QUOTIDIENS DE JURISPRUDENCE ET LEURS RECUEILS.

Il y a plusieurs journaux quotidiens de jurisprudence : la *Gazette du Palais,* la *Gazette des Tribunaux,* le *Droit,* la *Loi.* Toutes les décisions publiées dans la Gazette du Palais sont réunies dans un recueil intitulé *Gazette du Palais* comprenant un volume par semestre (1).

Ce recueil comporte lui aussi des tables décennales.

La *Gazette des Tribunaux* publie aussi un recueil mensuel intitulé *Recueil de la Gazette des Tribunaux.*

**Comment il faut conduire ses recherches dans les grands recueils de jurisprudence.** — Il faut faire les recherches dans les tables alphabétiques d'après l'ordre chronologique de celles-ci. (Pour le Dalloz, on consultera d'abord le répertoire jusqu'en 1845, et son supplément). On devra chercher dans les tables aux différents mots sous lesquels on peut trouver des décisions intéressant le sujet traité. On ne doit pas limiter ses recherches au mot même de l'institution étudiée : par exemple, veut-on étudier la jurisprudence sur la cause des obligations, il ne faut pas chercher seulement au mot « cause des obligations » ou au mot « obligations ». A la fin des références consacrées à chaque mot, on trouve dans les tables une série de renvois à

---

(1) Ce recueil n'est pas, comme les précédents, divisé en parties. Les décisions de la Cour de Cassation, des cours d'appel et des tribunaux y sont publiées ensemble. On se contente donc de citer, comme référence, l'année, le semestre et la page. Ex : Gaz. Pal., 1900.1.150.

Il en est de même pour le *Recueil de la Gazette des Tribunaux,* que l'on cite ainsi : Rec. Gaz. Trib. 1920. 2° sem., 120.

d'autres mots auxquels il faudra avoir soin de se reporter, sous peine de laisser échapper des décisions qui peuvent être importantes. Les recherches sont du reste facilitées par la table alphabétique qui se trouve sous chaque mot.

Après avoir dépouillé les tables alphabétiques, on consultera aussi, afin de ne rien oublier, la table des articles du Code civil publiée à la fin de chaque volume annuel. Enfin, on pourra étendre les recherches aux tables des Sommaires des divers recueils et, en particulier, consulter le *Recueil des sommaires de la jurisprudence française* publié en supplément au Recueil Sirey.

3° RECUEILS SPÉCIAUX ; CODES ANNOTÉS ; REVUES.

Les recueils généraux de jurisprudence ne peuvent suffire lorsque le sujet traité se rapporte à une branche du droit pour laquelle il existe des publications spéciales. Il est alors indispensable de se reporter à ces dernières. Ne pouvant les citer toutes, nous nous contenterons d'indiquer les principales :

Pour le Notariat, le *Répertoire de Defrénois*, le *Journal des Notaires*, la *Revue du Notariat* publient les décisions concernant la pratique notariale.

Pour le Droit commercial on consultera le *Journal des Sociétés*, la *Revue des Sociétés*, le *Journal des Faillites*, le *Journal des Tribunaux de Commerce*.

Pour le Droit criminel, le *Bulletin de la Chambre criminelle de la Cour de Cassation* contient tous les arrêts rendus par la Chambre criminelle.

Pour l'Enregistrement, le *Répertoire* et la *Revue de l'Enregistrement* publient les décisions relatives à cette matière.

Pour les Assurances, on consultera la *Jurisprudence générale des assurances terrestres de Simonin*, et divers périodiques.

Pour les Accidents du travail, il existe également des publications spéciales.

En ce qui concerne le Droit public et administratif, nous nous contenterons de citer le *Recueil des arrêts du Conseil d'Etat de Lebon*, qui publie tous les arrêts rendus par le Conseil d'Etat.

Toutes les revues contiennent d'importants exposés de jurisprudence qu'il est indispensable de consulter. Nous avons cité plus haut les principales.

## II. — Comment il faut relever et classer les décisions recueillies.

A mesure que l'on relève une décision, on la porte sur une fiche en ayant bien soin de noter la référence au recueil ou à la revue. Lorsque toutes les décisions ont été notées, on les classe dans l'ordre chronologique, puis en suivant cet ordre, on se reporte au texte de chacune d'elles afin de le lire. Il ne faut pas se contenter de prendre connaissance du sommaire publié par les recueils en tête de chaque décision, car ces sommaires peuvent être incomplets ou inexacts. « L'un des plus grands dangers pour ceux qui tiennent à avoir une idée exacte de ce qu'est la jurisprudence, c'est la tendance au moindre effort qui fait que l'on se contente de la lecture hâtive des sommaires, de l'indication donnée en quelques lignes ou même en quelques mots par un répertoire ou un code annoté. Un tel système est inadmissible lorsqu'on prétend faire une étude scientifique de la jurisprudence, car il peut conduire à de véritables erreurs ».

On mentionnera sur la fiche :

A) la date du jugement ou de l'arrêt et la juridiction qui l'a rendu (s'il s'agit d'un arrêt de la Cour de cassation, ne pas oublier de noter s'il a été rendu par la Chambre des Requêtes (Req.), la Chambre civile (Civ.), la Chambre criminelle (Crim.) ou par toutes les Chambres réunies (Ch. réun.).

B) les noms des parties. C'est une indication fort important. Elle constitue le seul procédé mnémotechnique permettant de se rappeler plus tard l'espèce au sujet de laquelle la décision est intervenue. La simple date d'un arrêt ne dit rien à l'esprit. Elle peut repasser maintes fois devant les yeux sans que l'on puisse affirmer qu'il s'agit de telle ou telle décision déjà citée. Au contraire, on n'oublie plus un arrêt quand on a eu soin de l'accompagner du nom des parties, et chaque fois qu'on le retrouvera au cours du travail de rédaction, on se rappellera sur le champ les faits qui l'ont provoqué. L'indication du nom des parties est en outre le seul moyen de relier entre elles les différentes décisions (jugements, arrêts d'appel, arrêts de cassation, arrêts de renvoi, arrêts des chambres réunies) rendues à l'occasion d'un même procès, et d'éviter des méprises en traitant ces décisions comme si elles avaient été rendues à l'occasion de procès différents.

Si, comme il arrive très souvent, une même décision tranche plusieurs questions se rapportant au sujet étudié, il faut faire autant de fiches qu'il y a de solutions dans cette décision (ici encore on aperçoit l'uti-

— 58 —

lité de l'indication du nom des parties pour relier ces différentes fiches entre elles).

C) On notera enfin sur la fiche les notes publiées dans les différents recueils sous la décision relevée.

Sous chaque décision, les recueils indiquent en note les jugements ou arrêts antérieurs relatifs à la même question. On vérifiera, en consultant ces notes, si l'on n'a oublié aucune décision dans le dépouillement fait au moyen des tables.

Grâce à ce procédé de recherches, on aura un tableau aussi complet que possible de la jurisprudence relative à chaque question. On classera cette jurisprudence dans chacun des dossiers et sous-dossiers, toujours en gardant l'ordre chronologique. La jurisprudence se trouvant ainsi répartie dans les différentes divisions du plan, il sera bon d'en dresser la liste chronologique totale, afin de pouvoir vérifier constamment, lorsque de nouvelles recherches sont utiles, si telle ou telle décision que l'on rencontre au cours du travail a bien déjà été relevée.

Une fois en possession de la jurisprudence relative à chaque question, on relira les décisions dans l'ordre chronologique. Cette lecture sera fort instructive. Elle permettra de saisir les fluctuations qui ont pu se produire au cours des XIX° et XX° siècles, au sujet de l'interprétation des textes. On notera ces fluctuations ; on en recherchera les causes ; on verra notamment quelle a pu être l'influence de la doctrine de tel ou tel auteur ayant écrit à une époque voisine de celle à laquelle s'est produit un revirement de jurisprudence. On se demandera aussi dans quelle mesure les circonstances économiques et sociales ont pu provoquer ces changements.

### III. — Critique de la Jurisprudence.

Une fois réunies toutes les décisions rendues par les tribunaux, quel parti va-t-on en tirer ? C'est là que l'étudiant devra faire preuve à la fois de sens critique et d'aptitude à l'analyse et à la synthèse.

Et d'abord il faut bien observer que toutes les décisions recueillies n'ont pas la même autorité. Le jugement rendu par un tribunal de 1re instance n'a pas la même valeur qu'un arrêt de Cour d'Appel, ni ce dernier qu'un arrêt de la Cour de cassation. En réalité, dans notre organisation judiciaire, il n'y a que les arrêts de la Cour suprême qui fassent jurisprudence, puisque la Cour de cassation a pour rôle d'assurer l'exacte interprétation de la loi par les tribunaux, et que ceux-ci ne manquent pas de s'incliner devant ses arrêts, surtout lorsqu'ils ont été rendus toutes chambres réunies. Les arrêts de la Cour de cassation toutes chambres réunies jouissent donc d'une autorité considérable, et l'on peut dire qu'ils tranchent d'une façon définitive les questions de droit sur lesquelles ils statuent. Après un arrêt de cette espèce, toute divergence cesse dans la jurisprudence.

Pour les arrêts ordinaires rendus en matière civile par la Cour de cassation, il convient encore de distinguer selon qu'ils émanent de la Chambre des Requêtes ou de la Chambre civile. Ces derniers ont plus d'autorité que les premiers, pour la raison qu'ils ont été précédés d'un double examen, l'un par la Chambre des requêtes qui a rendu un arrêt d'admission, l'autre par la Chambre civile. Il en est autrement en matière pénale, car la Chambre criminelle statue seule sur les pourvois de cet ordre.

Ainsi, seules les décisions de la Cour de cassation font jurisprudence. Mais alors, semble-t-il, on pourrait se contenter de citer les arrêts de la Cour de cassation et négliger ceux des cours d'appel et les jugements des tribunaux. Il n'en est rien, et cela pour plusieurs raisons : d'abord bien des questions peuvent ne pas être portées devant la Cour suprême ; d'autre part, il y en a un assez grand nombre qui rentrent dans le pouvoir souverain d'appréciation des juges du fond, si bien que le contrôle de la Cour de cassation ne peut pas s'exercer sur elles. En outre, c'est dans les décisions rendues par les tribunaux et les cours d'appel que s'élabore la jurisprudence définitive et qu'on peut en suivre la marche. Enfin, tant qu'un arrêt des chambres réunies n'est pas intervenu (et la Cour de cassation n'en rend en moyenne pas plus de deux ou trois par an), il peut subsister une divergence persistante entre les tribunaux et les cours d'appel d'une part, et la cour suprême de l'autre. On en pourrait citer de nombreux exemples (notamment au sujet de l'interprétation de l'art. 1499 du Code civil).

Pour toutes ces raisons, il est nécessaire d'étudier également les décisions des tribunaux et des cours d'appel. Ajoutons encore que, dans les recueils de jurisprudence, les jugements des tribunaux et les arrêts des cours d'appel sont précédés d'un exposé des faits permettant de reconstituer la complexité des rapports juridiques qui ont donné lieu au procès, tandis que trop souvent les recueils ne publient que le texte même des arrêts de la Cour de cassation, sans donner en même temps le texte de la décision attaquée, si bien que l'on ne peut pas alors connaître toutes les circonstances de fait du procès. Or, nous avons dit ci-dessus combien l'examen de ces circonstances est instructif pour le jurisconsulte.

Ainsi les décisions des tribunaux et cours d'appel conservent leur intérêt pour le juriste, mais il ne faut pas en exagérer l'importance. Il est bien évident qu'un jugement réformé par une cour d'appel perd, par là même, une partie de sa valeur. De même il faut résister à la tentation de généraliser et de considérer une décision comme représentant l'opinion générale des tribunaux ; une ou deux décisions ne suffisent pas pour faire la jurisprudence, pas plus qu'une hirondelle pour faire le printemps.

En tenant compte de ces observations qu'il ne devra jamais perdre de vue, l'étudiant pourra tirer de précieux renseignements de la jurisprudence (1).

D'abord, comme nous l'avons déjà dit, par l'examen chronologique de ces décisions, il observera les changements qui ont pu se produire dans l'interprétation des tribunaux au cours des XIX et XX° siècles, et en recherchera minutieusement les causes. Il les trouvera fréquemment dans les modifications économiques intervenues, dans les conceptions sociales régnantes ; d'autres fois, elles auront leur origine dans

(1) Il n'est pas du reste nécessaire de citer dans une thèse tous les jugements ou arrêts recueillis. On donnera ceux qui ont exercé une influence décisive sur l'orientation ultérieure de la jurisprudence, et l'on pourra éliminer les décisions inutiles ou celles qui se répètent. On notera avec soin dans les décisions retenues l'attendu principal qui les motive.

Les références aux Recueils doivent être faites avec précision, et suivant le mode d'abréviation en usage. On ne doit pas se contenter, comme on le fait quelquefois, de rappeler une décision précitée sans redonner la référence, à moins que celle-ci ne se trouve dans la même page ou la page précédente, sinon le lecteur aurait trop de peine à la retrouver.

l'influence de la doctrine ou de tel auteur déterminé (1):

Il s'agira d'autre part pour l'étudiant de faire une systématisation de cette jurisprudence. Insistons un peu sur ce point.

Systématiser, cela veut dire dégager le système ou la théorie juridique dont les décisions judiciaires sont les applications parfois inaperçues ou instinctives. Cette systématisation ressemble aux conclusions que le savant tire de l'observation des phénomènes ; elle se fait par les mêmes procédés intellectuels. Elle ne peut être accomplie que par les théoriciens du droit et suppose une étude approfondie de la jurisprudence. Elle ne rentre pas, en effet, dans les attributions des magistrats, car ceux-ci ont pour mission de juger les procès et non de rendre des arrêts de principe (art. 5 C. civ.). Ils seraient du reste aussi mal placés pour s'y livrer que le soldat pour juger de la bataille, ou le promeneur engagé dans une forêt pour en voir l'ensemble.

Ce travail de coordination exige beaucoup d'indépendance d'esprit. Il faut l'entreprendre sans idée préconçue, sans parti-pris, et se défier des raisonnements et des déductions a priori. C'est la première condition pour le mener à bien, mais c'est aussi la plus difficile à remplir, car le juriste qui a étudié une question ne peut s'empêcher, comme le savant, de faire

(1) L'influence de MERLIN sur la jurisprudence du XIX<sup>e</sup> siècle a été considérable. De même, plus tard, celle de TROPLONG et de DUPIN l'aîné. Le livre de MUTEAU sur le *Secret professionnel*, paru en 1870, a entraîné un revirement complet sur un point de droit que l'on considérait comme acquis. On retrouve aussi fréquemment dans les arrêts des cours d'appel et de la Cour de cassation des formules empruntées à l'ouvrage d'Aubry et Rau.

des hypothèses, de chercher une explication, et, quand il en a trouvé une qui lui paraît satisfaisante, d'en chercher la justification dans les arrêts. De là une tendance à déformer le sens, à exagérer la portée de certaines décisions, à diminuer l'importance de celles qui ne s'accordent pas avec l'explication adoptée.

Pour bien se rendre compte de l'esprit dont il faut être animé dans ce travail d'élaboration qui constitue aujourd'hui le fond de la plupart des thèses et des ouvrages de doctrine, on consultera avec utilité quelques notes des grands annoteurs, comme Labbé, et des jurisconsultes qui collaborent régulièrement aux recueils. On pourra aussi s'inspirer avec grand profit de la méthode suivie par Garçon dans son Code pénal annoté.

Cette systématisation est indispensable pour le progrès du Droit et pour la marche de la jurisprudence, car elle éclaire la voie que suit souvent instinctivement celle-ci.

Mais, quelle que soit l'importance des décisions des tribunaux, le jurisconsulte ne doit jamais oublier que la jurisprudence ne fait pas loi, ou, du moins, qu'elle est sujette à variation. C'est pourquoi il doit discuter et critiquer les solutions admises par les tribunaux, s'il les estime mal fondées, et tenter ainsi d'en obtenir l'abandon. La doctrine ne doit pas, en effet, se laisser guider par la jurisprudence (1). Son rôle n'est pas de

(1) « Le rôle de la doctrine est surtout actif dans les premières
« années qui suivent la promulgation d'une loi. Les opinions
« émises à l'égard du projet, l'interprétation donnée par les pre-
« miers commentateurs guident les juges qui n'ont pas le temps
« de procéder eux-mêmes à une étude approfondie. Aussi ne
« doit-on pas se borner au travail nécessaire d'exégèse et à l'exa-
« men des travaux préparatoires. Le but de l'interprétation doit
« être de faire entrer le texte nouveau dans les cadres juridiques
« déjà connus en le rattachant aux principes généraux dont il est

s'incliner devant des théories peu fondées et de s'ingé-
nier à les justifier, sous prétexte que les juges étant plus
près de la pratique, sont mieux à même d'en apprécier
les besoins. Trop souvent, les magistrats ont tendance
à juger en équité et, pour cela, à s'écarter du droit.
Le juriste ne doit pas favoriser cette tendance. Il lui
appartient de rappeler le véritable esprit de la loi.

## § 3. — LES STATISTIQUES

Les recherches statistiques peuvent être fort utiles
pour le juriste en vue de déterminer le nombre annuel
des divers actes juridiques. C'est un excellent moyen
de vérifier l'importance pratique, souvent insoupçonnée, de telle ou telle institution. Malheureusement, les

« l'application particulière, ou en y relevant l'expression d'une
« tendance nouvelle susceptible de réagir sur la mise en œuvre
« du droit, même en des points connexes où l'interprétation
« semblait acquise. Il ne faut pas conclure trop hâtivement :
« la jurisprudence décide......, aussitôt connues les premières
« décisions sur le texte nouveau rendues par des juridictions
« inférieures, et par conséquent susceptibles de réformation. Ces
« décisions ne sont que de simples faits. Pour qu'une jurispru-
« dence ait une certaine autorité, il faut que l'on ait dépassé la
« période de l'élaboration nécessaire à l'apparition d'un système.
« On ne saurait considérer cette période comme close avant une
« vingtaine d'années et plus parfois, lorsque la loi nouvelle n'a
« pas une application pratique très courante. Puis lorsqu'une
« jurisprudence a eu le temps de se former, il faut entreprendre
« l'étude des arrêts, en notant les changements qui ont pu se pro-
« duire, et non pas se contenter, comme on le fait trop souvent, de
« faire état du ou des derniers arrêts. Ceux-ci sont souvent moins
« intéressants pour l'interprétation doctrinale que les plus an-
« ciens. Parmi ces derniers, il faut rechercher ceux qui ont
« exercé une influence décisive sur l'orientation ultérieure. Ils
« dominent les arrêts nouveaux ; mais, pour en juger saine-
« ment, il faut laisser à leur action le temps de se faire sentir ».
« Lorsque la jurisprudence semble fixée, il ne faut pas que la
« doctrine se borne à l'enregistrer. Il lui faut dégager les raisons
« qui, à travers les considérations de fait, peuvent avoir décidé

statistiques dressées par l'Administration sont tout à fait insuffisantes, et sont loin de fournir toutes les indications qu'il serait intéressant de connaître.

On trouvera réunis dans l'*Annuaire Statistique de la France* les résultats des principaux documents statistiques publiés. On pourra consulter également, pour plus de détails, les *Comptes généraux de la justice civile et de la justice criminelle* ; mais ces comptes sont moins complets qu'autrefois. Jusqu'en 1900, le Ministère de la Justice publiait tous les cinq ans des documents complémentaires fort précieux qui, depuis, ne sont pas réunis.

On pourra consulter aussi le *Bulletin Statistique du Ministère des Finances*.

## § 4. — LE DROIT COMPARÉ

Bien entendu, l'étudiant qui écrit une thèse sur une institution du droit français n'est pas tenu de faire du droit comparé, c'est-à-dire de comparer la réglementation de cette institution dans les législations étrangères avec sa réglementation dans notre droit. Il vaut certainement mieux n'en pas faire que de se contenter, comme trop d'auteurs de thèses, de citer sans ordre des textes empruntés à diverses législations sans les faire suivre d'un commentaire critique. Ces citations

« de la direction adoptée. Ces raisons sont bien souvent plus « pressenties qu'exprimées dans nombre de décisions. C'est la « partie constructive de l'étude scientifique, à laquelle doit « correspondre une partie pratique ».

Ces remarques que M. Armilhon a bien voulu nous communiquer, ont été empruntées par lui à une conférence faite par notre cher et regretté collègue Garçon aux candidats à l'agrégation en 1921.

ne servent à rien qu'à induire en erreur, le plus souvent, l'auteur lui-même et ses lecteurs.

Pourtant, il est parfois fort utile, surtout lorsqu'on veut avoir une vue complète d'une institution et se rendre un compte exact de la valeur de sa réglementation, de consacrer un chapitre de la thèse au droit comparé. Rien n'est plus instructif pour le juriste que cette comparaison. C'est elle seule qui permet de comprendre le caractère relatif et imparfait d'une législation déterminée ; des rapprochements entre les diverses législations sont éminemment suggestifs et formateurs (1).

**Méthode à employer dans l'étude du droit comparé.** — Il n'est pas possible de tracer ici des règles fixes et invariables. La méthode est fonction du but que l'on veut atteindre (2). Tantôt, pour mieux apprécier les traits de l'institution étudiée en Droit français, on pourra décrire son organisation dans une législation d'origine différente, comme le Droit germanique et le Droit anglais ; tantôt, au contraire, on l'étudiera dans une législation qui a avec la nôtre une origine commune, comme le Droit des pays qui ont adopté le Code civil.

Quel que soit le but poursuivi, nous recommandons aux candidats au doctorat de ne pas embrasser un trop grand nombre de législations, car, en le faisant, on risque de demeurer superficiel et de se contenter de renseignements sans grande utilité. Le mieux est,

(1) Voir Lévy-Ullmann : *De l'utilité des Etudes comparatives,* La Revue du Droit, vol. I, n° 9, Québec, 1er mai 1923 ; Esmein : *La jurisprudence et la doctrine,* Revue trimestrielle de droit civ., 1902, p. 17. — Voir aussi les articles publiés dans le *Compte-Rendu du Congrès de Droit comparé* de 1900.

(2) Lévy-Ullmann, *Etude comparative des institutions,* conférence au comité d'études sociales et politiques, 21 avril 1920.

presque toujours, d'examiner une seule législation prise comme type de comparaison avec la nôtre, mais de l'étudier d'une façon complète, c'est-à-dire de consulter les principaux traités publiés dans ce pays étranger, et de faire des recherches dans la jurisprudence des tribunaux de ce pays. Une étude poussée un peu loin est nécessaire, indispensable, et, ainsi conduite, elle sera toujours d'un grand intérêt.

**Documents à consulter.** — Il n'est pas possible de les indiquer ici. Ils sont trop nombreux. On les trouvera aisément en parcourant les catalogues des bibliothèques. On devra s'adresser en particulier à la *Bibliothèque de législation étrangère du Ministère de la Justice*, qui contient un très grand nombre d'ouvrages étrangers.

Pour la jurisprudence étrangère, nous citerons parmi les recueils qui pourront être consultés :

Pour la Belgique : la *Pasicrisie* ;

Pour l'Italie : le *Foro italiano* ;

Pour le Droit allemand : le *Recueil des décisions du tribunal suprême de Leipzig* ; (1)

Pour le droit suisse : les *Arrêts du Tribunal Fédéral.*

Pour le Droit anglais, on trouvera de précieux renseignements dans la traduction du *Digest de Droit civil anglais* d'EDWARD JENKS, traduction due à MM. Théophile Baumann et Paul Goulé (2).

(1) Pour l'ensemble du Droit allemand, consulter l'Enzyclopädie der Rechtswissenschaft, fondée par Holtzendorff, continuée par J. Kohler.

(2) Pour connaître la jurisprudence anglaise et américaine, on pourra s'adresser à l'*Institut de Droit comparé de la Faculté de Droit de Lyon.*

# CHAPITRE V

## LA RÉDACTION DE LA THÈSE

Une fois qu'il a terminé ces divers ordres de recherches, l'auteur a une vue d'ensemble de son sujet. Il faut maintenant qu'il se rende bien compte du mécanisme et du fonctionnement de l'institution qu'il étudie, qu'il en comprenne exactement l'importance, l'utilité. Il doit être en état d'en donner une description conforme à la réalité. C'est à ce résultat qu'il doit s'efforcer d'arriver, s'il veut faire une œuvre vivante et par conséquent intéressante. Quand il est ainsi bien maître de son sujet, il peut prendre la plume et rédiger. C'est la partie la plus difficile, la plus pénible du travail. C'est l'œuvre de production proprement dite.

Il faut y apporter tous ses soins, veiller à la correction des phrases, au style, à l'ordre rigoureux et méthodique du développement. Nous conseillons d'écrire par phrases courtes et claires, d'éviter les incidentes trop longues qui alourdissent le style et rendent la compréhension obscure ou difficile. Il faut viser avant tout à la clarté et à la simplicité. Bien des thèses, parmi les meilleures, sont comme on dit quelquefois, dures à lire à cause d'une trop grande concision de la pensée.

Lorsqu'on a trop longtemps porté en soi un sujet et qu'on en connaît tous les détails, qu'on en a exploré toutes les parties, on est porté à se contenter d'explications insuffisantes, de formules trop ramassées. Il faut éviter ces raccourcis qui risquent de fatiguer et de rebuter le lecteur.

Mais on doit avoir grand soin, d'autre part, de ne pas verser dans le défaut contraire, plus fréquent du reste que le précédent, qui consiste dans le « délayage » ou le remplissage. On évitera par exemple les trop longues citations tirées des auteurs, des travaux préparatoires d'une loi, des décisions de jurisprudence. Il faut savoir garder ici la juste mesure. Dans une discusion juridique, il est inutile de reproduire toutes les opinions, même celles qui sont abandonnées, de les discuter abondamment sans oublier aucun argument, aucune objection, même les moindres. L'argumentation demande à être serrée, vigoureuse, pour frapper et convaincre le lecteur. Dans une controverse, il y a ordinairement un argument principal, décisif en faveur de telle ou telle opinion ; c'est sur celui-ci qu'il faut insister ; c'est lui qu'il faut développer.

L'ordre rigoureux du développement de la pensée est également nécessaire. Chaque chose doit venir à sa place, et non ailleurs, il faut éviter avec la plus grande attention de sauter d'une idée à une autre pour revenir ensuite à la précédente.

Ajoutons que la première rédaction ne doit jamais être tenue pour définitive. Il en faut au moins deux, et quelquefois bien davantage pour les passages les plus difficiles. Le premier jet de la pensée doit être revu, arrangé, perfectionné.

Disons encore que l'auteur doit apporter la plus grande précision dans toutes les citations qu'il fait. Qu'il s'agisse d'articles de loi, de décisions de jurisprudence, d'opinions d'auteurs, on doit toujours indiquer exactement l'article, et au besoin l'alinéa de l'article, le titre de l'ouvrage, son édition, le n°, la page cités, donner la date exacte des décisions en notant toujours la référence aux recueils.

Nous recommandons en outre à l'étudiant de ne pas écrire sur de trop grandes feuilles, afin d'éviter trop de perte de temps quand il sera obligé de recopier une page pour une cause ou pour une autre ; de laisser une large marge pour les indications supplémentaires et les renvois ; de bien séparer les notes du texte. On est souvent fort embarrassé pour savoir comment écrire les notes, surtout lorsqu'elles sont un peu longues. Le mieux est, à mon avis, de les rédiger sur une feuille spéciale que l'on colle au-dessous du texte correspondant. On aura soin de numéroter chacune des pages de son manuscrit sur la gauche, en réservant le côté droit pour la pagination définitive qui sera faite une fois le manuscrit terminé et quand tout sera bien en place.

Lorsqu'on a quelque addition ou modification à apporter à des pages déjà rédigées, on doit éviter les surcharges excessives qui embarrassent l'imprimeur et sont souvent pour lui une cause d'erreurs. Il est préférable d'user des ciseaux, ou de supprimer le passage modifié et de coller à sa place la nouvelle rédaction. Enfin, il est bien entendu qu'il ne faut jamais écrire que d'un côté de la page (1).

(1) Cette recommandation est faite non seulement pour le manuscrit définitif, mais pour les notes préliminaires.

Sommaire. — Il est bon, en tête de chaque section ou paragraphe, de résumer en un sommaire les idées qui y seront développées. Ce sommaire sera un guide utile pour le lecteur et servira pour la confection de la table analytique.

Numérotage. — Il peut être également utile de numéroter les développements de la thèse, du début à la conclusion. Ce procédé est recommandable, à la condition de ne pas abuser du nombre des numéros, c'est-à-dire de n'en changer qu'autant qu'on passe vraiment d'une idée à une autre. Il a un avantage pour le lecteur, qui voit d'un coup d'œil où s'arrêtent les développements qu'il recherche, et qui peut ainsi plus facilement consulter l'ouvrage. Il est également commode pour les renvois que l'on a à faire à des passages antérieurs ou postérieurs de la thèse. En l'absence de numérotage, ces renvois sont fort difficiles. En effet, il est rare que l'imprimeur compose un ouvrage en totalité, avant de commencer le tirage définitif. Pour ne pas immobiliser trop longtemps ses caractères, il tire généralement les premières feuilles avant d'avoir mis en page les dernières. Si donc il est possible au cours de l'impression de faire des renvois aux pages antérieures de l'ouvrage, il est fort difficile de citer un passage contenu dans la partie non encore mise en page. Le numérotage est le seul moyen de faire à l'avance sur le manuscrit tous les renvois aux divers passages de l'ouvrage.

Ajoutons enfin que l'emploi des numéros facilite la confection des tables qui doivent accompagner la thèse, et auxquelles nous arrivons maintenant.

---

# CHAPITRE VI

## LA CONFECTION DES TABLES
## ET DES INDEX

Les tables sont les clefs qui permettent de pénétrer dans le livre et de s'y orienter. Un livre sans tables est un livre incomplet et presque inutile, parce que trop difficile à consulter.

1º Table analytique des matières : Cette table doit comprendre toutes les divisions de l'ouvrage, tous les sommaires. Il faut la rédiger avec clarté. Sa confection sera facilitée par les sommaires que l'on aura eu soin de mettre en tête de chaque paragraphe. Une table doit être suffisamment développée pour donner une vue d'ensemble de l'ouvrage et permettre de trouver rapidement ce que l'on y cherche.

2º Table alphabétique. — La table alphabétique n'est nécessaire que si la thèse contient un grand nombre de pages. Pour la dresser, il faut relire l'ouvrage page pár page, en notant sur des fiches tous les mots importants qui y sont cités et en indiquant les pages de l'ouvrage dans lesquelles il en est parlé. Quand il s'agit de mots revenant dans diverses parties de la thèse, on aura soin de noter d'une astérisque les pages où il en est plus spécialement question.

On classe ensuite toutes ces fiches par ordre alpha-bétique, et on les donne à l'imprimeur.

3° Index bibliographique. — Un index bibliogra-phique est indispensable pour permettre au lecteur d'avoir une vue d'ensemble de la littérature des ou-vrages et articles publiés sur le sujet de la thèse. Pour sa confection, on se reportera aux indications ci-des-sus données.

4° Index des décisions de jurisprudence rappor-tées. — Lorsque ces décisions sont nombreuses et qu'il s'agit d'une étude de jurisprudence, il est recom-mandé de dresser un index de toutes les décisions par ordre chronologique, avec indication des noms des parties, des références aux recueils, et enfin de la page de la thèse où elles sont commentées ou citées.

# CHAPITRE VII

## L'IMPRESSION DE LA THÈSE

Une fois la rédaction de la thèse terminée (1), le manuscrit doit être remis au Président et laissé entre ses mains pendant un délai d'un mois au moins, afin que le contrôle de la thèse avant son impression puisse être exercé d'une manière efficace et utile. Le président demande au candidat les changements et améliorations nécessaires ; et quand il juge que le manuscrit est au point, il y appose sa signature.

Le manuscrit doit être alors déposé au secrétariat pour être signé par le Doyen de la Faculté, puis par le Recteur de l'Académie.

Ces formalités étant remplies, le manuscrit peut alors être imprimé. Le candidat s'adressera à un éditeur qui se chargera de l'impression.

Il faut avoir soin de donner à l'imprimeur des indications précises pour les différentes formes de lettres à employer en ce qui concerne les titres et les

(1) Il est bon de faire dactylographier son manuscrit afin d'en conserver un double, d'en faciliter la lecture au président, et d'en rendre l'impression plus rapide. Mais quand on y recourt, on ne doit jamais oublier de relire les feuilles dactylographiées et de les collationner avec le manuscrit pour corriger les erreurs qui ont pu s'y glisser.

rubriques (1). Les imprimeurs ont tendance à ne pas varier suffisamment les caractères employés, d'où résulte une uniformité désagréable à l'œil. Il y a le plus grand intérêt à donner un manuscrit qui soit bien au point, c'est-à-dire ne demande plus aucun change- ment dans la rédaction, car toutes les modifications au texte faites sur les épreuves sont comptées à part et en sus du prix convenu pour l'impression. Il faut donc n'avoir à faire sur les épreuves que les corrections purement typographiques dues aux erreurs inévitables des compositeurs.

(1) On emploie en général les signes suivants :
un trait pour les italiques ;
deux traits pour les petites capitales ;
trois traits pour les grandes capitales ;
un trait tremblé pour les égyptiennes.

## CHAPITRE VIII

## CORRECTION DES ÉPREUVES

Les corrections qu'il y a lieu d'accomplir doivent être indiquées par certains signes conventionnels. Nous ne pouvons songer à les indiquer ici. On fera donc bien, si l'on n'a jamais corrigé d'épreuves, de se munir des indications indispensables auprès de l'imprimeur ou de l'éditeur. Rappelons seulement que ces signes doivent être indiqués en marge, jamais dans le corps du texte, et selon un certain ordre, le signe le plus près du texte correspondant à la première correction à faire dans la ligne.

Il faudra lire lentement et attentivement, en se méfiant d'une tendance à laquelle on est trop naturellement porté quand on est l'auteur d'un ouvrage, et qui consiste à lire par cœur, dans sa pensée, ce que l'on a voulu dire, et non pas à déchiffrer ce qui a été effectivement imprimé.

Nous conseillons vivement de toujours exiger l'envoi de secondes épreuves, après mise en pages (souvent, en effet, les premières épreuves, seront simplement en placards, c'est-à-dire imprimées en colonnes et d'un seul côté, sans pagination). Sur ces secondes épreuves, on vérifiera d'abord que les corrections demandées ont bien été faites, puis on terminera la table en indiquant les numéros des pages imprimées auxquelles elle doit renvoyer. Enfin il sera excellent de faire relire ces secondes épreuves par un tiers pour réparer les oublis que l'on aurait pu personnellement commettre.

# CHAPITRE IX

## COMPOSITION DU JURY

**Dépôt des exemplaires. — Consignation des droits.**

Le jury devant lequel le candidat soutiendra sa
thèse est constitué par le doyen et notifié au candidat trois semaines au moins avant la soutenance. Le
nombre d'exemplaires de la thèse qui doivent être
déposés au secrétariat de la Faculté est de 110. Toutefois, il a été réduit à 95 dans ces dernières années, en
raison de l'élévation constante des frais d'impression.

Le dépôt de ces exemplaires doit être effectué
15 jours avant celui de la soutenance. Tout dépôt fait
postérieurement à la date indiquée par le Secrétariat
de la Faculté est sans exception refusé, et la soutenance
de la thèse est reportée à une session ultérieure. La
consignation des droits (240 fr.) doit être faite trois
semaines avant la soutenance.

# CHAPITRE X

## SOUTENANCE DE LA THÈSE

Le jury de la thèse de doctorat est composé du professeur choisi comme président par le candidat et de deux assesseurs. La soutenance dure une heure et demie. Les candidats oublient trop souvent qu'à la soutenance ils doivent défendre et justifier les diverses propositions de leur thèse, et trop fréquemment l'épreuve se transforme en une suite d'observations faites par les juges que l'impétrant écoute en silence. Tel ne devrait pas être le caractère de la soutenance. Un auteur qui a consacré plusieurs mois à l'étude approfondie d'un sujet doit être capable de répondre aux critiques qui lui sont adressées et de justifier les opinions qu'il a soutenues, d'expliquer pourquoi il n'a pas cru devoir aborder certaines questions, de donner des renseignements complémentaires sur les points qu'il a traités. Le candidat qui ne sait pas *soutenir* ses idées devant ses juges leur donne une impression défavorable, et la mention accordée à sa thèse peut s'en ressentir. C'est pourquoi il importe de mettre en garde les candidats contre un excès de timidité et de leur recommander de défendre de leur mieux les opinions qu'ils ont émises.

La soutenance terminée, le jury délibère sur l'ajournement ou l'admission de la thèse. L'admission est prononcée avec indication de l'une des mentions : passable, assez bien, bien, très bien. En outre, à la Faculté de Paris, le Jury décide si les thèses qui ont obtenu la mention très bien lui paraissent dignes d'être retenues et présentées à la commission chargée de distribuer chaque année les prix de thèse.

## Récompenses aux meilleures thèses de Doctorat.

Des récompenses sont, en effet, décernées chaque année par la Faculté de droit de Paris aux auteurs des meilleures thèses de doctorat. Elles se divisent en prix et en mentions honorables. Les prix consistent en médailles de vermeil et en livres. Les thèses récompensées sont l'objet d'un rapport présenté par un professeur à la séance annuelle de rentrée de la Faculté.

Il y a en outre à la Faculté de Paris quelques prix particuliers pour les thèses :

1° Un prix d'une valeur de 1.000 francs a été créé par la *Société d'Etudes Economiques*, en vue de pousser les docteurs en droit à la production scientifique dans l'ordre des sciences économiques, et pour récompenser des thèses portant sur des sujets d'économie nationale.

2° Prix CHARLES LEFEBVRE. — Un prix triennal de 600 fr. peut être décerné à l'auteur de la meilleure thèse du doctorat juridique portant sur l'histoire du droit privé français qui aura été soutenue devant la Faculté de droit de Paris par des candidats de toute origine admis à l'y présenter, après avoir passé devant ladite Faculté au moins un des examens oraux du doctorat. Ce prix doit être remis sans partage à un seul candidat. Il lui est délivré en espèces avec une médaille de bronze destinée à en fixer le souvenir.

3° FONDATION VOUTERS. — En exécution d'un legs fait à la Faculté de droit de Paris par le Docteur LÉON VOUTERS, en souvenir de son fils HENRI VOUTERS, docteur en droit de cette Faculté, mort pour la France, un prix annuel de 1.200 fr. est destiné à récompenser la meilleure thèse de doctorat (sciences politiques et économiques) soutenue chaque année devant la Faculté de Droit de Paris.

### Frais d'impression des thèses de Doctorat.

Une somme de 80.000 francs a été attribuée par l'Institut de France à la Société des Amis de l'Université, sur les revenus de la fondation Osiris, pour aider, à Paris et dans les départements, les auteurs de thèses de Doctorat, à payer les frais d'impression de leur travail.

Pièces à produire par les candidats.

1° Demande adressée à M. le Recteur de l'Académie de Paris ;

2° *Curriculum vitæ* ;

3° Situation de famille et de fortune ;

4° Indication des bourses ou subventions déjà obtenues, ou demandées.

Souscription aux thèses du Doctorat par le ministère de l'Instruction Publique et des Beaux-Arts.

Pourront être l'objet d'une souscription les thèses qui auront obtenu la mention la plus élevée.

Les auteurs devront produire, outre une demande adressée à M. le Ministre, une notice sur leur situation matérielle, la facture établie par l'éditeur pour l'impression, et deux exemplaires de la thèse.

# TABLE DES MATIERES

www.ingramcontent.com/pod-product-compliance
Ingram Content Group UK Ltd.
Pitfield, Milton Keynes, MK11 3LW, UK
UKHW020024100726
13658UKWH00003B/1084